Helmut Breuer

Hinter unser'm Haus
Erinnerungen an meine Kindheit und Jugend

Hinter unser'm Haus

Erinnerungen an meine Kindheit und Jugend

Helmut Breuer

Bibliografische Information der Deutschen Nationalbibliothek:
Die Deutsche Nationalbibliothek verzeichnet diese Publikation in der Deutschen Nationalbibliografie; detaillierte bibliografische Daten sind im Internet über http://dnb.ddb.de abrufbar.

ISBN 978-3-96103-098-9

www.rediroma-verlag.de
8,95 Euro (D)

Inhaltsverzeichnis

Für meine Töchter

Tina und Marianne

1 Einführung

Während eines nächtlichen Gespräches mit meiner Frau Karin, in welchem wir zufällig meine Kindheit streiften, erzählte ich ihr in einer weinseligen Stunde über das eine oder andere Erlebnis aus dieser Zeit. In dieser Plauderstunde war ich über die spontane Aussage meiner Frau: „Du hast aber tolle Dinge erlebt", sehr überrascht, anscheinend hatte ich, ohne es bemerkt zu haben, eine interessante und abwechslungsreiche Kindheit erlebt.

Ich dachte nie darüber nach, ob diese Zeit spektakulär, aufregend oder besonders gewesen war, bisher nicht und damals sowieso nicht. Die Zeit war so wie sie eben war, ich hatte ja keinen Vergleich, alles war so „normal", ich war unaufgeregt, ich fühlte mich immer durchschnittlich in allem, was ich tat. Ich wusste nicht mal, dass es eine schwere Zeit war.

Ich fühlte mich damals irgendwie unsichtbar und unauffällig, und doch scheint es, den Kommentaren meiner abendlichen Zuhörerin nach, eine erzählenswerte Zeit gewesen zu sein, über die ich, wie sie meinte, berichten sollte.

Nun fange ich einfach an zu schreiben, und in der Tat, wenn man einmal anfängt, ohne sich über das Konzept oder die Gliederung Gedanken zu machen, geht es voran.
Das war der beste Rat, den ich über das Schreiben gelesen hatte: "Fangen sie einfach an."

Es ist hoch interessant, dass während des Schreibens die Dinge, die man erlebt hat in einem anderen Licht erscheinen und man die Erlebnisse jetzt besser einordnen und werten kann. Es ist so aufregend, die eigene Kindheit nachzuerleben. Die Zeit erscheint auf einmal in einem anderen Licht, und ich stelle fest, dass es doch lohnend ist festzuhalten, wie meine Kindheit verlaufen ist, um sie meinen Töchtern nahe zu bringen.

Aufregend auf eine andere Art war es 1947 mit Sicherheit für meine Eltern, denn in der Zeit ging es den Erzählungen nach um das Bezwingen des Hungers, um das Überleben, und so nebenbei war es der Beginn meines Lebens, ich wusste natürlich noch nichts davon.

Ich möchte nun einen Faden spinnen von der Armut während meiner Kindheit, die ich nicht bemerkte - denn ich fühlte mir fehlte nichts - bis zu meiner Zufriedenheit heute.

Einen Faden spinnen von der Armut damals bis in das Heute mit dem relativ großen Reichtum und Wohlstand und der vielfach verbreiteten Unzufriedenheit.

Heute denkt man viel über das Wort „Glück" nach, man merkt es an den vielen Büchern, die geschrieben werden und an den Fernsehsendungen, die sich mit dem Thema befassen. „Gestern" war das anders, denn das Wort „Glück" oder glücklich sein war nicht geläufig und, so versuche ich über diese und weitere Tugenden in Reflektion auf meine Kindheit nachzudenken und diese aus heutiger Sicht zu sehen.

Den Blick auf diese Tugenden, Glücksgefühle zu verspüren und Zufriedenheit, scheine ich heute in der Betriebsamkeit immer wieder einmal zu verlieren, und so bin froh, nun darüber schreiben zu können. Hilfreich sind dabei auch immer mal wieder Begegnungen mit Freunden und deren Erzählungen, die ich gerne registriere.

Da fällt mir als erstes unweigerlich der Besuch unserer lieben Nachbarin Beatrice ein, die nach Katmandu in Nepal, ausgewandert ist, da sie einen Nepalesen geheiratet hatte. Sie berichtete uns ausführlich bei ihrem ersten Besuch bei uns, also in ihrer „alten" Heimat, nach einigen Jahren im fremden Nepal. Es war für uns hoch interessant, ihrem Bericht über das Leben dort zu folgen, ja zu lauschen. Die fremde Welt, die Schwierigkeiten des Alltags und wie sie ihr wirklich aufregendes Leben meistern musste. Es war sehr beeindruckend und spannend. Dabei prägte sich mir ein Satz von ihr ein, den ich nicht vergessen kann und auch nicht vergessen will:

„Es ist unglaublich, wie unzufrieden die Leute hier sind, bei diesem unbeschreiblichen Luxus".

Ist Zufriedenheit also im Gleichklang mit Einfachheit zu sehen?

Ist Zufriedenheit leichter zu erreichen in der Armut?

Habe ich die Zeit meiner Kindheit und Jugend, hinter unser'm Haus, so erlebt wie Beatrice im Nepal?

Was war denn in meiner Kindheit mit den Glücksgefühlen? Erlebte ich sie mehr als jetzt oder betrügen mich meine Erinnerungen? Sehe ich von der Kindheit nur das, was ich sehen will oder bin ich Meister im Vergessen von unangenehmen Erinnerungen? Von jedem etwas? Ich weiß es wirklich nicht.

Wie auch immer, ich schreibe gerne über die außergewöhnlichen und interessanten Erlebnisse, denn schlimme Geschichten gibt es ja zu Hauf zu lesen. Ich weiß auch kaum welche die ich aufschreiben sollte, da ich irgendwann bemerkte, dass ich alle Dinge immer erst positiv sehe und Negatives schnell vergesse, diese Tugend muss ich sicher früher auch schon unbewusst gelebt haben.

Ein weiteres Kapitel, das mir beim Schreiben begegnet ist, ist dem Wort oder der Untugend „ Neid“ geschuldet.

Der Neid, so meine ich, ist eine Un-Tugend, und es ist wert darüber nachzudenken. Die Besonderheit hier ist, dass ich Neid nie verspürte habe und auch heute, diese Un-Tugend für mich immer noch keine Bedeutung hat. Das Nicht-Haben-Müssen, diese wunderbare Tugend, habe ich anscheinend in die Zukunft gerettet.

Ich fand heraus dass drei Dinge für mich immer wichtiger wurden – Zufriedenheit erreichen, Glück erleben, und kein Neid.

Ich versuche, im Rahmen meiner Erzählungen eine Verbindung und eine Erklärung zu finden, wie das in meiner Kindheit und Jugend Erlebte aus meiner heutigen Sicht einzuordnen ist.

Vielleicht gelingt es mir durch meine Erzählungen, mehr Zufriedenheit und Glücks-Empfindung in die heutige Zeit zu übertragen, sie besser einzuordnen. Es sollte doch ein Leichtes sein, in einer guten, ruhigen, friedlichen und wohlhabenden Zeit glücklich, zufrieden und neidlos zu leben.

Bis auf ein einziges Mal…

Wenn ich so in meinen Erinnerungen „kramere“, stelle ich fest, dass ich anscheinend, wie schon geschrieben, nie unzufrieden war, bis auf ein einziges Mal. - Ich sah ein wunderschönes rotes Feuerwehrauto, das in der Weihnachtszeit im festlich geschmückten Schaufenster vom Gemischtwarenladen Baumann stand, ich war sofort „Feuer und Flamme“, - wie passend -, meine Augen fingen an zu glänzen,- vermutlich -, und ich äußerte den sehnlichsten Wunsch auch gegenüber meiner Mutter. Ihr Kommentar war - keiner. Vermutlich war es zu teuer, aber das wusste ich damals noch nicht. Es war nach meinem Gedächtnis nach mein erster und einziger Wunsch an den ich mich erinnern kann. Es kam der Weihnachtsabend und… das feuerrote Feuerwehrauto war nicht zu erblicken. Ich war sehr enttäuscht, es nicht unterm Christbaum zu erblicken, nachdem das „Christkind“ mit einem Klingelsignal entschwand und wir das Weihnachtszimmer betreten durften.

Nun die Enttäuschung war irgendwann verdaut und ich erzähle weiter.

Den Erzählungen nach war ich ausgeglichen, vorsichtig, vielleicht unbewusst diplomatisch, ich wollte immer ein „ruhiges Wasser“ und ich war alles andere als rebellisch. Ich hatte keine Bedürfnisse, keine Erwartungen, bis wie gesagt das Feuerwehrauto, und machte immer das, was man von mir verlangte, ich war angepasst, aber so war ich halt und so bin ich vielleicht auch heute noch ein wenig. War das langweilig?

Erzählenswert ist die Zeit aber auf jeden Fall, aufregend, interessant und abwechslungsreich genug, darüber zu schreiben.

2 Die ersten Jahre

2.1 Wo alles begann

Ich begann mein Leben 1947 in einem Haus in Haimhausen im Landkreis Dachau, mit Hilfe der örtlichen Hebamme, wie mir erzählt wurde.

Diese Bleibe, ein Zimmer, wurde meiner Mutter und meinem Bruder Erich, von einem wohlhabenden, hier ansässigen Gutsbesitzer zugewiesen, nachdem die Vertreibung und Flucht aus der Heimat 1946 ein Ende genommen hatte. Eine Herberge, ein Dach über dem Kopf war nach dem Krieg keine Selbstverständlichkeit für Vertriebene, die Flüchtlinge genannt wurden.

Meine Mutter und alle Familienangehörigen wurden, wie viele andere auch, zum Ende des Krieges aus der alten Heimat, einer deutschen Sprachinsel in der Slowakei, vertrieben, also aus dem Haus gejagt, besser gesagt vom Hof, denn sie waren Bauern. Eine unglaubliche, unmenschliche Aktion, die der verlorene Krieg mit sich brachte. Man schickte die Menschen auf einen unvorstellbaren Leidensweg. Sie verluden einige Habseligkeiten auf Wägen, die von Rössern gezogen wurden und schlossen sich einem „Treck“ an, um zusammen gegen Westen zu ziehen, in das weitgehend unbekannte Deutschland.

Das Schicksal war anscheinend nicht schwer genug, denn dann kamen die Tiefflieger, sie machten ihnen den verbleibenden Rest eines Lebens zur Hölle. Man entkam, wenn überhaupt, den Geschossen, indem man sich in den Straßengraben warf und zog nach diesem unmenschlichen Angriff mit dem, was übrig blieb, weiter. Diese Zeit war sicher unvorstellbar schlimm, wie schlimm habe ich nur in Bruchteilen von meiner Mutter erfahren. Die Habseligkeiten wurden immer weniger, die Pferde und die Wagen zerschossen oder defekt, so dass es per Eisenbahn weiterging. Ein zeitweiser Transport in einem Viehwagon, unter unvorstellbare Bedingungen, die ich hier nicht weiter erzählen will, das wäre ein anderes Buch geworden, wenn meine Mutter mehr erzählt hätte oder ich mehr gefragt hätte.

Mein Vater war zu der Zeit, wie die meisten Väter, im Krieg, das kam zu allem Elend noch hinzu. Mutter und Kind unterwegs nach nirgendwo, Vater im Schützengraben irgendwo!

Ich hatte von den Kriegstraumata meiner Eltern nichts mitbekommen, sie erzählten nichts, ihr Verhalten schien manchmal eigenartig, aber ich kannte es so und nicht anders.

Über viele Stationen kamen sie irgendwie in Haimhausen, bei diesem besagten Gutsherren an. Es war mehr als ein großer Bauernhof, eben ein Gut, das viele helfende Hände, wie die meiner Mutter gebrauchen konnte, da nur wenige Männer aus dem Krieg zurückkamen.

Mein Vater kam 1946 auch bald nach Haimhausen, nachdem er aus der tschechischen Gefangenschaft geflohen war und über das Rote Kreuz den Aufenthalt meiner Mutter in Erfahrung gebracht hatte. Mit dem Fahrrad schlug er sich bis nach Haimhausen durch.

In diesem neuen, armen Leben ging es für meine Eltern um das tägliche Brot, um das Überleben. Es wurde auch mit meinem Erscheinen nicht leichter, da die Familie dann zu viert war.

Ja, es hat eine Zeit gegeben, da war es wichtig, Brot, Kartoffeln und Milch zu bekommen, um nicht zu verhungern. Ich kenne diese Zeit nur vom Hörensagen, da das Erinnerungsvermögen, wie ich gelesen habe, erst ab einem Alter von etwa drei Jahren einsetzt. Nach der Währungsreform im Juni 1948 wurde die Beschaffung von Lebensmitteln leichter, auch waren Kartoffeln und Milch durch die Arbeit der Eltern auf dem Gutshof in Rationen zu haben.

Das Haus, in dem wir das sprichwörtliche „Dach über den Kopf“ fanden, hieß „Forsthaus“, da hier auch der Förster des Land- und Gutbesitzers eine Wohnung hatte.

Bevor ich mit meinen Erinnerungen beginne, möchte ich von einem erwähnenswerten Ereignis berichten, von dem ich natürlich nichts wusste, da mein „Speicher“ noch nicht ganz fertig war. Aber mein vier Jahre älterer Bruder wusste davon zu berichten.

2.2 Meine Taufe 1947.

Eine Taufe ist heute, in unserer Zeit, ein besonderes Fest für eine christliche Familie, ein Familienfest. Das Wichtigste ist die Organisation des Festessens. Wo halten wir es ab, wen lade ich ein, weiter ist es heutzutage wichtig, was ziehe ich an und was für ein Taufkleid hat der Täufling? Nun käme der Gang zum Pfarrer an die Reihe. Die Frage, wie kommen wir in die Kirche, ist heute wohl eine absolute

Nebensache, denn man steigt in die Autos und fährt zur Kirche.

Im Jahr 1947 waren die Prioritäten massiv verschoben. Das Festessen war begrenzt, denn das tägliche Brot zu bekommen war schon schwer genug. Was ziehe ich an? Ganz einfach, eines der wenigen Sachen, die man vermutlich im Schrank hatte. Es war sehr schwierig, ja es war ein großes Problem, da es in Haimhausen außer den Flüchtlingen keine evangelischen Gläubigen gab, somit keine Kirche und auch keinen Pfarrer. Die nächste evangelische Pfarrgemeinde und der dazugehörige Pfarrer wurden in Moosach bei München ausgemacht. Die größte Hürde kam dann erst noch, das Gespräch mit dem Pfarrer. Es war eine echte Herausforderung. Wie kommuniziere ich mit dem Pfarrer und wie kommen wir in die Kirche?

Es lohnt sich, hier inne zu halten und über Dinge nachzudenken die früher nahezu unmöglich waren und bei Weitem nicht selbstverständlich. Die Wertigkeit mancher Selbstverständlichkeiten einmal wieder neu zu sehen und einzuordnen und über die eigene Zufriedenheit nachzudenken.

Das, was ein „Familienfest“ ausmacht, war damals nicht vorhanden. An ein Fest war nicht zu denken, die Familie bestand aus meinen Eltern und meinem Bruder Erich. Er kann sich an die genauen Abläufe nicht mehr erinnern, aber eines ist ihm mit seinen vier Jahren im Gedächtnis geblieben: Ein Auto!

Das Besondere, das die Gehirnsynapsen meines Bruders voll aktivierte und in Erinnerung blieb, war der Weg in die Kirche, in der meine Taufe stattfand.

Wie schon geschrieben, gab es in Haimhausen nur eine katholische Kirche, und nun musste ein Transportmittel gefunden werden, um den Täufling mit „evangelischem Wasser“ zu taufen. Der Weg nach Moosach? Kein Problem, in 20 Minuten ist man mit dem Auto dort, - heute! Damals gab es aber nur einige Traktoren, die dem Gutsbesitzer gehörten, und so war es sicher eine Herausforderung ohnegleichen, die Wegstrecke zur Kirche zu meistern.

Die Lösung, woher die auch immer kam, war ein Auto der besonderen Art. Na ja, wenn ich das Bild so betrachte, war das schon eher ein etwas außerirdisch anmutendes Gefährt. Der Autotyp, Erich wusste es genau, es war kein geringerer

als ein Opel Kapitän, der durch seine exotischen Aufbauten weder gute aerodynamische Werte hatte noch jeglichen ursprünglichen Chic vermissen ließ. Es sah aus wie eine Kollage mit einem Kanonenofen, der zufälligerweise in der Nähe abgestellt worden war. Erich berichtete mir von einem „Holzvergaser“! Mittels einem Dampfkessel und einer dazu gehörigen Holzfeuerung wurde anscheinend Dampf und Druck erzeugt, um das notwendige Gas zu entwickeln, ein Ersatz für das nicht vorhandene Benzin. Holz in Gas zu verwandeln, das war die Methode, um das Unikum in Bewegung zu versetzen. Dieser etwas ungewöhnliche Umbau eines Autos war nicht das Ergebnis einer Erfindung von „Daniel Düsentrieb“, nein, es wurde von den Autobauern aus der Not heraus entwickelt, als Benzin-Ersatz. Der Erzählung nach wurde erst der Ofen geschürt, bis genügend Druck im Kessel war, um dann los fahren zu können. Der TÜV würde heute seine Freude an diesem Gefährt haben.

Der Rückweg blieb meinem Bruder noch in Erinnerung, da der Maisteiger Berg auf dem Weg zurück nach Haimhausen für das Ungetüm ein großes Problem darstellte. Da der Druck im Kessel nicht ausreichte, um den „Mount Maisteig“ zu bezwingen, wurde vorher angehalten. Es wurde mit dem mitgeführten Holz nachgeheizt. Einige Scheite Holz wurden in die Feuerung gelegt und gewartet, bis genug Gasdruck da war, um die Fahrt fortzusetzen, soviel Zeit musste man schon haben. Der Berg wurde bezwungen und der Rest des Heimweges war gesichert.

Das Kind, also ich, war getauft!

Eine Bemerkung sei mir noch erlaubt, was meine Geburtsurkunde betrifft. Diese wurde abgelegt, ohne nachzusehen, wie denn der Name auf der Urkunde eingeschrieben war. Ich wuchs als „*Helmut*“ auf. Alle Urkunden und Ausweise wurden nach meinen Angaben ausgestellt. Das erste Mal, an dem ich den Taufschein, also die Geburtsurkunde, wirklich brauchte war bei meiner Heirat. Hier wurde ich darauf aufmerksam gemacht, dass der Name im Aufgebot nicht mit meiner abgegebenen Urkunde übereinstimmt.

Ich stellte fest, dass da noch ein „h“ am Ende meines Namens abgedruckt war. Der Name „*Helmuth*“ war mir schon ein wenig fremd, und ich habe mich bis heute noch nicht daran gewöhnt.

3 Die Straße durch das Dorf

3.1 Die Dorfstraße

Die Dorfstraße zog sich, wie der Name schon sagt, durch das ganze Dorf. Die obere Dorfstraße beginnt am Friedhof, dem höchsten Punkt im Dorf, und geht an der Kirche vorbei, an Bauerhöfen, die Höfe hießen Kranz, Haider, Kurz, Widmann, um nur einige zu nennen. Geschäfte waren damals noch zahlreich, wie zum Beispiel die legendäre „Pfeiffer Mare“, gegenüber der Kirche, ein Gemischtwarenladen, der den Namen zurecht trug. Bei ihr konnte man noch schnell vor der Schule ein vergessenes Heft einkaufen, das bewahrte vor Tatzen und Strafen. Vorbei am Gasthof Nörl mit Metzgerei, bis zum nächsten Gemischtwarenladen Kässl und der Bäckerei Mayerbacher, mit den sehr bekannten und beliebten Brezen.

3.2 Der Mittelpunkt des Dorfes.

Das legendäre „Milibankerl" war mitten im Dorf und ein idealer Treffpunkt für die Jugend. Hierher brachten die Bauern nach dem melken ihre vollgefüllten Milchkannen, die von der Molkerei täglich abgeholt wurden zur Weiterverarbeitung. Die Hygiene spielte damals eine untergeordnete Rolle, denn jeder war froh, eine Milch kaufen zu können, gestorben ist, soviel ich weiß, niemand.

In Ruf- oder Klangweite war auch der „Schmied Toni“ zu finden, der Huf- und Dorfschmied. Ein drahtiger, kräftiger

Kerl, meist rußverschmiert, wie die ganze Schmiede. Hier hörte man ein für die damalige Zeit sehr vertrautes Geräusch, das heute leider verschwunden ist, ein „Ding, Ding, Ding“, - wie Musik klingt es noch in meinen Ohren nach,

wenn ich an die alte Dorfschmiede denke.

Wir Buben wurden, wenn wir neugierig dem Treiben in der Schmiede zusahen, so manches Mal losgeschickt mit der Bitte - „hoi ma a Mass Bier“ - und man ging los, mit dem leeren Maßkrug zum nahegelegenen Postwirt, um diesen gefüllt wieder zu bringen, ein zehnerl Trinkgeld war da schon drinnen.

Ein schmächtiges, kraftvolles „Power-Paket“. Wenn man zusah, wie er die Pferde, oder besser gesagt die Ackergäule zum Hufbeschlagen dirigierte, den Huf hob, auf seine Lederschürze ablegte als ob es eine Hundepfote wäre, die glühenden Hufeisen aufsetzte, waren wir Buben sehr erstaunt ob dieses Kraftpaketes.

3.3 Die untere Dorfstraße

Mit dem großen Gemischtwarengeschäft vom Heinrich Baumann, für damalige Verhältnisse war das ein Einkaufszentrum, begann dann die untere Dorfstraße, und hier sind alle meine Erinnerungen lebendig, hier war immer was los.

Hier ging es noch ein Stück abwärts bis in einer scharfen Kurve das noch viel beschriebene Gemeindehaus kam, und vieles mehr.

Dann vorbei am Bauernhof der Familie Feldhofer, die zusätzlich auch noch einen Gemischtwarenladen hatten, am Milchgeschäft Diemer, der die Milch noch aus einer Milchkanne schöpfte, und der Bäckerei Zacherl.
Das „Café Schmid“ neben dem Gemeindehaus, das ein eigenes Kapitel in meinem Buch ausmacht, und schließlich am Ende der Dorfstraße das mächtige Portal der Schloßbrauerei Haimhausen *(S. 24, links oben im Bild-Hintergrund).*

3.4 Die Dorfstraße 10 - unser neues Zuhause

Innerhalb meiner Nicht-Erinnerungs-Jahre sind wir umgezogen vom Forsthaus in das 100 Meter entfernte Gemeindehaus. Hier beginnen meine Erzählungen.

Als erstes möchte ich erwähnen, dass ich, soweit ich denken kann, weder hungern noch frieren musste, noch andere Bedürfnisse vermisst habe. Ich war in meinem Leben sehr behütet und habe nie gespürt, dass mir irgendetwas fehlt, bis auf jenes besagte Feuerwehrauto, wie berichtet. Ja, die Zufriedenheit war, wenn mich meine Erinnerungen nicht trügen, bei mir in hohem Masse vorhanden. Ein Leben ohne große Probleme und ohne großes Leid, wie dankbar kann ich da sein.

Ist Zufriedenheit in relativer Armut leichter zu erreichen? Nimmt mit zunehmendem Luxus die Zufriedenheit ab?
Die Fragen die beim Schreiben aufgetaucht sind.

Nun zurück zum Gemeindehaus in der Dorfstraße 10,
Ein Haus das der Gemeinde gehörte und in dem die Ärmsten, also wir Flüchtlinge, damals untergebracht wurden, so wurde mir später berichtet. Nein, arm fühlte ich mich nicht in dieser Zeit, ich fühlte eher eine große Freiheit in dem weitläufigen Garten oder dem Hof, wie wir das nannten.

Wenn ich die Bilder auf den nächsten Seiten anschaue, so fällt mir ein altes Lied ein von Bruce Low – „**Das alte Haus von Rocky Docky**“ hat vieles schon erlebt, kein Wunder… - das Lied kennt heute vielleicht keiner mehr, aber es gibt ja in der Neuzeit „Youtube“.

Erlebt hat das Haus sicher vieles.

Vielleicht zogen wir auch um, weil auf einmal mein Opa und meine Oma in mein Leben und auch nach Haimhausen kamen. Sicher hätte das eine Zimmer im „Forsthaus“ nicht mehr gereicht, alle aufzunehmen. Opa und Oma brachten auch noch die Eltern von Oma mit, sie hießen Strompf und waren aus Altwaldorf, einem Dorf unweit des Hofes meiner Eltern. So wohnten wir mit acht Personen im ersten Stock des Gemeindehauses in drei Zimmern, zwei Schlafräumen für je vier Personen und einer winzigen Küche, die auch Gemeinschaftsraum war, ohne fließendes Wasser. Wir mussten nicht frieren, es regnete nicht ein, naja nur manchmal. Die Toilette war im Garten, also im Hof, hinter unser'm Haus, nahe der Amper.

(Das Bild stammt aus der Zeit Ende der 50er Jahre.)

Wir wohnten nicht alleine im alten Haus von „Rocky Docky", denn im Erdgeschoß links wohnte Frau Obermeier mit Alfons und Rudi in zwei Zimmern. Ihr Mann ist im Krieg gefallen, so wie viele andere Männer auch.

Die Familie Wolf war mit acht Personen im Erdgeschoß rechts in drei Kammern untergebracht. Auf dem Bild ist auch ein Anbau zu erkennen, in dem im linken Teil Familie Bögl „residierte" so gut wie es eben ging, mit 6 Personen in 2 Kammern. Rechts lebte Frau Bergschneider mit Tochter in zwei Kammern, etwas „feudaler".

Was für ein Leben, was für ein Wohnen?
Ja, das war halt so!

Ich kann mich nicht daran erinnern, dass das Haus in 25 Jahren einmal gestrichen worden war, und repariert wurde es nur von meinem Vater und von meinem Opa.
Ich wohnte dort 25 Jahre lang, nicht zu glauben!

4 Hinter unser'm Haus

Das ist auch zufällig der Titel eines Liedes, das ich gerne singe und mit der Gitarre begleite –

Die schönste Zeit im Leben, hinter unser'm Haus, die sorglos mich umgeben, hinter unser'm Haus….

Für mich erschien diese Zeit sorglos, wenigstens die Erinnerungen sind so, und so kann es auch bleiben. Es gab natürlich auch Eintrübungen, aber es waren nur wenige graue Schleier, die ich später erzähle.

So sah unser Hinterhof aus, bevor Opa Hand anlegte.

Dann legte Opa Hand an…

..und so war der Hof, nachdem Opa zu Gange war, und seinen „Claim“ abgesteckt hatte.

Es war eine einfache, arme Zeit, das Wort Luxus kannte sicher damals niemand. Das frische Wasser kam aus einem Brunnen hinter unser‘m Haus, der von Opa gegraben wurde und uns mit frischem Wasser versorgte. Mittels einer Hand-Schwengel-Pumpe, also mit Handbetrieb, wurde das Wasser durch ein Rohr aus der Tiefe geholt und nach Bedarf in einen Eimer gepumpt. Heute steht diese gusseiserne Handpumpe wieder in den Gärten als Zierde oder wird sogar wieder als funktionsfähiges Teil zum Bewässern des Gartens eingesetzt. Damals war der Brunnen mit Handpumpe ein lebenswichtiges Bauteil. Das Wasser wurde dann in den vollgefüllten Eimern nach oben in den ersten Stock getragen und verteilt. Als erstes wurde der Wasserbehälter des Küchenofens gefüllt, der beim Heizen, neben den Koch-Herdplatten, auch das Wasser erwärmte, das zum Kochen benötigt wurde, aber auch zum Waschen benutzt wurde. Das warme Wasser wurde dann zur „Katzenwäsche“ verwendet, mehr war das nicht, wenn überhaupt eine Wasserberührung stattfand. Morgens waschen? Ich weiß es wirklich nicht mehr, am liebsten gar nicht. Mein Spruch, den ich gebrauchte und den meine Mutter mir später in Erinnerung brachte, war, „Wer hat mich denn über Nacht dreckig gemacht?“

Wasser hatten wir ja genug, denn die „Kloa Amper“, wie wir die kleine Amper nannten, war ein 1902 gebauter Kanal und ein Seitenarm des Flusses Amper, der an „unserem“ Grundstück vorbei floss. Dieser Kanal wurde damals gebaut, als das Wasserkraftwerk entstand, um das Schloß in Haimhausen mit Strom zu versorgen, lange vor meiner Zeit. Davon wusste ich natürlich nichts, ich wusste nur, dass dieses flott fließende Wasser wie ein natürlicher Fluss war, der von alten Bäumen und Sträuchern flankiert war, eine Idylle. Ein idealer Spiel- und Badeplatz für uns und unser privates Schwimmbad.

Ja, gefährliche Spielplätze hatten wir weiß Gott genug, aber davon später.

Wir waren zeitweise bis zu zwölf Kinder in diesem Gemeindehaus, und Langeweile war da nicht vorgesehen. Wir gingen einfach in den Hof spielen und waren alsbald nicht mehr alleine. Getroffen hatte sich auch das eine oder andere Familienmitglied der hier auf engstem Raum wohnenden vier Familien auf einer Bank hinter‘m Haus oder auch auf dem Weg zu dem gemeinsamen Klo-Häuschen, das „Örtchen" mit dem Herzchen in der Türe. Dieser Ort war so zwanzig Meter vom Haus entfernt, nahe der Amper: Eine Gelegenheit, sich auf dem Weg dorthin einige Worte zu sagen oder ein Treffen unter uns Kindern zu vereinbaren. *Das war damals halt so* - ein sehr guter Ausspruch eines älteren Reiseleiters auf unserer kürzlich erlebten Reise an die Ostsee. Er erlebte drei verschiedene politische Regierungsformen in Deutschland, das Dritte Reich, die DDR und das neue Deutschland. Mit diesem Satz: „Das ist halt so" überlebte er die Regime, und es war in ihm erstaunlicherweise kein Groll zu spüren. Ja, auch bei uns „war das damals so", wir kannten nichts anderes, und es war so in Ordnung für mich, im Nachhinein mehr als Ok.

5 Die Menschen – in unser’m Haus

5.1 Die Erinnerungen an meinen Opa.

Mein Opa war ein wunderbarer Mann. Er kümmerte sich um alles, er war klug und ruhig, aber nur solange man ihn nicht reizte – heute würde man sagen, er war „tough“ und „smart“. Er war in der Slowakei nicht nur Bauer gewesen, er war auch der Bürgermeister des kleinen Ortes Namens Hunsdorf, und er war, so berichtete mein Bruder Erich, auch ein „Tier-Heilpraktiker“. Das war sicher eine gute und notwendige Eigenschaft, da es in der alten Heimat mit Sicherheit keinen Tierarzt gab. Er kannte sich mit Tieren aus. Das war gut so und ein wichtiger Schritt zum Überleben.

Dafür baute er hier in Haimhausen, hinter unser‘m Haus, einen vorhandenen Schuppen um und erstellte noch einen zweiten Schuppen. Die Materialen dazu waren nicht mehr benötigte Abfall-Bretter, Bleche und gerade gebogene Nägel und Schrauben, die fein säuberlich in Blechdosen sortiert waren, eben alles, was man so organisieren konnte. Ja er war ein guter Organisator und das musste man auch sein, Anfang der 50er Jahre.

Was war denn da alles in diesen Schuppen?

In dem einen Schuppen wurde ein Schweinestall fachmännisch gebaut, weil meine Großeltern und Eltern Bauern waren, war es für sie nicht schwer, so ein kleines Schwein, mit Essensresten gefüttert zur Schlachtreife zu bringen. Hühner und Gänse hatten bald auch in dem Schuppen

Platz, so konnten wir leichter überleben. Opa baute und steckte mit Maschendraht einen „Claim“ ab für das Federvieh, wie auf dem Foto S.29 auszumachen ist, und so war das dann unser persönlicher Bereich.

Das alles war sehr erstrebenswert, denn es war die einzige Möglichkeit, sich auch mal ein Stück Fleisch zu gönnen, zumal man Kraft und Eiweiß dringend benötigte.

Um an das Fleisch zu kommen, mussten die Tiere irgendwann geschlachtet werden. Eine Metzgerei gab es bald auch im Ort, doch es war unerschwinglich, dort Fleisch einzukaufen. Das Schlachten war für meinen Opa auch kein Problem, das gehörte zu seinem bäuerlichen Leben. Die Gerätschaften dazu waren einfach da, wurden organisiert oder sie hatten doch einige, wenige Dinge bei der Vertreibung mitnehmen können, wenn diese auf dieser grausamen, unmenschlichen Flucht nicht verloren gegangen sind. Leider wurde über diese furchtbare Zeit nicht gerne gesprochen, heute kann ich das verstehen, denn es gab keine Psychologen, und wenn, dann müssten diese Fachkräfte wohl eine Million traumatisierte Menschen behandeln. So wurde von meinen Eltern und Großeltern intuitiv die zweite Variante gelebt, Verdrängung der Erlebnisse und das Vergessen, „erleichtert“ durch die Müh‘ und Plag‘ der Zeit. Das Motto – „Wir leben noch“ – war definitiv die einzige und beste Lösung. So stelle ich mir das heute, im Rückblick, vor. Wie schon beschrieben, einige wenige Erlebnisse wurden von meiner Mutter in Wortfetzen berichtet. Die Flucht mit meinem kleinen Bruder Erich musste sehr schlimm gewesen sein, unvorstellbar. Die furchtbaren Situationen mit Todesängsten, als immer wieder Tiefflieger den Tross aus Vertriebenen auf offener Straße mit MG-

Salven beschossen und es nur ein Entrinnen gab, nämlich sich in die Straßengräben zu werfen, um den Geschoßen zu entkommen. Das andere unmenschliche waren die hygienischen Verhältnisse in den Viehtransportwagons, in die diese heimatlosen und wehrlosen Menschen gesteckt wurden, um sie aus den umkämpften Gebieten zu bringen. Das zu überleben war für meine Mutter sicher nur möglich, weil da ein Kind da war, das ohne sie keine Überlebenschancen hatte.

Da half sicher nur Verdrängen und Vergessen, das war mehr als verständlich!

Wenn ich daran denke heute alles was ich aufgebaut und geschaffen habe, allen Besitz zurückzulassen und ins Ungewisse gehen zu müssen, eine unvorstellbare Katastrophe!

Nun zurück - hinter unser‘m Haus, in meine sorgenfreie Zeit!

Da die Worte - dein, mein, unser - für mich damals keine Bedeutung hatten, war es nicht verwunderlich, dass mir das Wort „Vermieter“ vollkommen fremd war. Alle notwenigen Reparaturen an Haus, Hof und Garten wurden von Opa, zusammen mit meinem Vater gemacht. Niemand kam, um uns zu sagen, was wir tun sollten oder besser lassen mussten. Ob wir damals Miete für die alte „Burg“ zahlen mussten weiß ich nicht, es wäre fast ein Hohn gewesen. Wie auch immer, mein Vater und mein Opa kannten auch nichts anders als Hand anzulegen, denn sie waren es gewohnt, als selbstständige Bauern in der Slowakei.

Das Leben und Arbeiten auf ihrem Bauernhof war in dem neuen, schweren Leben, fern der Heimat, dafür sehr hilfreich, um zu überleben, inklusive Tierhaltung und wie gesagt auch das Schlachten.

Nach dem Schlachten gab es dann die wunderbaren, schmackhaften Dinge zu essen. Die Gänse, die meine Oma nach dem Schlachten gerupft hatte, brachten den Vorteil, dass die Bettkissen und Zudecken ab dem Moment mit Federn gefüllt wurden, aus denen bisher zur rechten Zeit das kratzige Stroh heraus schaute. Nun war das Stroh nur noch als Matratzenfüllung im Einsatz. Das Stroh als Matratze ist mir aber nicht unangenehm in Erinnerung. Nein, ich kann mich nicht an einen unruhigen Schlaf auf der Naturmatratze erinnern.

Ich schlief mangels Wohnraum bei den Großeltern in deren Wohn- und Schlafzimmer und fühlte mich wohl. Mein Bett stand an der Wand neben einer alten Standuhr mit einem angenehmen, sonoren Tick-Tack. Ich schlief den Schlaf der Gerechten und hörte nur manchmal in der Nacht den sehr schönen Klang des Schlagwerkes, das jede halbe Stunde schlug. Wenn ich doch mal wach war, signalisierte mir die Uhr in der Dunkelheit, was die Stunde geschlagen hatte. Diese Uhr war mir bald sehr vertraut geworden. Ich bin dankbar, dass dieses Möbelstück, mit Innenleben, heute in unserem Wohnzimmer dieselbe Ruhe ausstrahlt wie damals, ein wunderbares Gefühl. Opa hatte sie irgendwoher bekommen - da sie nicht mehr tickte und auch nicht mehr schlug, war sie für den Vorbesitzer wertlos geworden. Er versuchte das Uhrwerk wieder zu reparieren, konnte das Werk aber selbst nicht mehr zum Leben erwecken. So geschah, was ich heute noch bestaune: Opa zog seine sorgfältig geputzten, glänzenden Schaftstiefel an, die er auch im Einsatz während des Krieges getragen hatte und sehr pflegte. Er nahm das Uhrwerk aus dem Gehäuse, packte es in seinen alten Rucksack und ging zu Fuß – ja, zu Fuß - nach Dachau, denn dort war der nächste Uhrmacher. Eine Tagesreise, denn es waren mehr als zehn Kilometer hin und auch die gleiche Wegstrecke zurück zu bewältigen.

Die wunderbare Standuhr geht heute noch, nach 50 Jahren und sie tickt zuverlässig jetzt in unserem Wohnzimmer, eine zeitlose Schönheit, die Ruhe ausstrahlt. Eine wunderbare Erinnerung an meinen Opa.

Chronologisch alles aufzuschreiben gelingt nicht immer, so gibt es auch Momente des Abschweifens, aber das ist halt so.

In dem anderen Schuppen…

… waren Gerätschaften und ein Holzverschlag mit Türe. Hinter der verbarg sich ein kleiner Raum, innen kohlrabenschwarz. Kein Wunder, es war die Räucherkammer für Speck und „Wammerl", also Teile vom Bauch des Schweines. Diese Fleischstücke waren an einer Holzstange mittels Eisenhaken an der Decke angebracht. Opa häufte Hartholzspäne am Boden zusammen und entzündete diese. Da der Sauerstoff in dem Holzverschlag gering war, rauchten die Späne alsbald. Ja, das war das Ziel, um das Fleisch zu räuchern und so haltbar zu machen. Es war wie ein kleines Unternehmen für die Selbstversorgung der Familie.

Hinter diesem Schuppen …

…war das Holzlager. Es war immer gut gefüllt, denn es war die Grundlage für eine warme Stube. Die Wärmequelle war der schon erwähnte Küchenherd, es war ein „Wamsler“, der heizte die Küche und den Flur und war natürlich zum Kochen da. Neben einer warmen Suppe versorgte er uns auch mit warmem Wasser in einem Behälter auf der linken Seite. Ein Backrohr war der nächste „Luxus“, den diese zentrale Heizquelle hatte, die Basis für einen Braten und den sonntäglichen Kuchen.

Mein Opa sorgte, solange ich denken kann, für die gut gefüllte Holz-Lege hinter dem Schuppen an der Amper, die natürlich mit einem Blechdach vom Regen geschützt war. Ich erinnere mich an die Zeit, als ich mit Opa ins Holz ging und daran, dass man einen Leseschein vom Förster benötigte, um Holz zu sammeln. Wir zogen los ins Holz, ja man ging ins Holz, nicht in den Wald, da der einzige Sinn war, Holz zu sammeln für die warme „Bude“. Heute geht man in den Wald spazieren, um die gute Waldluft zu atmen. Wir nahmen einen kleinen Leiterwagen mit, Axt und Säge. Der Leiterwagen war sehr nützlich für viele Dinge, auch für den Transport des Holzes. Dieses wunderbare Transportmittel wurde von einem Schäffler der Schloßbrauerei Haimhausen gebaut. Diese Berufsgruppe, die man heute nicht mehr kennt, erstellte Fässer, um das Bier zu lagern oder zu transportieren.

Wir gingen also ins Holz und sägten und hackten die herabgefallenen Äste klein, die auf dem Boden lagen. Nach einer Weile kam die Zeit, eine Pause einzulegen, da die Arbeit hungrig machte. Mein Opa machte in sicherer Lage ein kleines Feuer, Material dafür hatten wir ja. Aus dem mitgeführten Rucksack kamen Brot und Speck zum Vorschein sowie ein Tee in einer Blechflasche. Der Speck wurde auf einen Stock gespießt und solange über das Feuer gehalten, bis er zu tropfen anfing. Diese Tropfen wurden dann auf das Brot geträufelt, eine Delikatesse. Mein Opa verstand es, anschließend, - mangels Tisch und Teller, - in einer Hand Brot und Speck zu halten und abwechselnd davon abzuschneiden, um es mir zu reichen. Diese Art des Essens ist uns allen drei Brüdern heute noch in Erinnerung, und gelegentlich machen wir das auch noch, wenn wir mal zusammenkommen, ein warmes Lächeln auf unseren Gesichtern inklusive.

Wenn ich heute unsere Holz Lege hinter unserem heutigen Haus anschaue, so sehe ich kaum einen Unterschied zu der von damals. Da wir einen offenen Kamin im Haus haben, pflege ich unbewusst diese Tradition und sorge gerne für den mehr als notwendigen Vorrat. Diese Art von Vorsorge wurde mir anscheinend in den Genen mitgegeben, nur ist das heute, wie wunderbar, eher ein Ausgleich zur Büroarbeit, aber nicht mehr lebensnotwendig.

Eine Anekdote bringt mich wieder zurück zum Thema Schlachten und zum Opa. Die Erfahrung und Geschicklichkeit unseres Großvaters und seine erlernten Fähigkeiten, Tiere zu schlachten, waren auch beim Sohn von Frau Obermeier in unserem Haus wohl bekannt. Rudi brauchte zu der Zeit kein Fleisch mehr zum Überleben, aber er brauchte ab und zu Opas Hilfe, weil…

…**Rudi jeden Samstag auf Tour war.**

Es war wieder einmal Samstagabend und das „Saturday Night Fever“ setzte ein. Ein schneeweißer „17m“ fuhr vor, den der Sohn eines Haimhauser Schuhhauses sein eigen nannte. Die Firma Ford baute seinerzeit dieses super elegante Auto, das den Namen „Taunus 17m“ trug, von uns

Buben kurz „17m“ genannt. Dieses elegante Kraftfahrzeug war damals so „in“ wie der Austin Martin von James Bond in der heutigen Zeit. Also Rudi fuhr, wie jeden Samstag, mit einigen Kumpels in das 10 km entfernte Tanzlokal namens „Waldfrieden“. Es wäre jetzt nicht wirklich spannend, das zu erzählen, aber die Burschen gingen jedes Wochenende auf „Hasen-Jagd“, so sagten sie überheblich genug. Wie der Name Waldfrieden schon sagt, musste der „17m“ durch den Wald zum Tanztempel. Das schien immer ohne Zwischenfälle abzulaufen, nur der Rückweg war doch manchmal gefährlich, wenigstens für die echten vierbeinigen Hasen, die die Straße überqueren wollten. So kam, es wie es kommen musste, der Hase hoppelte auf die Straße ins Scheinwerferlicht: Hase tot, Rudi in Not. Was nun, was tun? Die Lösung war, den Hasen in den Kofferraum und mitten in der Nacht bei Opas Schlafkammerfenster klopfen und melden: „Opa, wir haben einen Hasen im Kofferraum“ – Rudi war in der Not. Opa zog sich ohne Murren an und ging hinaus zum Schuppen, hinter unser‘m Haus. Einige Griffe genügten, und das „Hasenschafott“ war bereit. Das Messer war immer scharf, und Opa zog dem Hasen, im Lichte einer Taschenlampe alsbald, im wahrsten Sinne des Wortes, das Fell über die Ohren. Einige Zeit später war die Basis für den Hasenbraten fertig.

Ich schaute manchmal zu, wenn die Schlachtung erst am nächsten Morgen stattfand, und lernte dabei Blut anzuschauen, ohne in Ohnmacht zu fallen. Diese „Ausbildung“ war und ist mir sehr hilfreich gewesen, wenn mal wieder Blut floss, allerdings nicht so viel wie bei Opa beim Schlachten, sondern bei Verletzungen bei meinen zwei Kindern später im Leben. Gott sei Dank waren die Verletzungen nicht schwer, aber einen kühlen Kopf brauchte ich schon, wenn hin und wieder wenn Blut zu sehen war. Ja, es hatte was Gutes und geschadete hat es keinen Fall, für später gerüstet zu sein.

Alles mit Opa war eben gut, nie könnte ich ihn vergessen.

Opa lehrte mich mit einem Messer das Schnitzen eines Haselnuss-Steckens und ich half ihm bei einigen Dingen

rund ums Haus. Da ist auch noch der unvergessene Klang in meinem Ohr, dieses gleichmäßige „Ding, Ding, Ding". Es war der Klang seiner Hammerfinne, die auf einen schmalen Amboss traf und dazwischen das eiserne Sensenblatt. So dengelte er die Sense, bis sie die nötige Schärfe hatte. Die scharfe Sense brauchte er hier, nicht wie früher als Bauer für das Getreide, sondern für das Gras, das auch in unserem Hof oder Garten wuchs. Ein Rasenmäher war noch nicht erfunden. Mit gleichmäßigem, elegantem Schwung und der scharf gedengelten Sense, war es für ihn kein Problem, das lange Gras zu stutzen. Er hatte ja jahrelange Übung darin.

Mein Opa war klug und umsichtig, er war ruhig und er war fleißig und er war zufrieden. Zufrieden wirkte er auch, wenn er eine Zigarre rauchen konnte, aber das war damals wirklich nicht einfach, diesem kleinen Laster zu frönen, nicht für Opa! Er baute hinter unser'm Haus Tabakpflanzen an, ich kann es nicht glauben, aber das Bild ist der Beweis. Anbauen war das eine, die Trocknung der Blätter das andere. Da war unser Speicher im Sommer, wegen des Blechdaches ohne jegliche Isolierung, hervorragend geeignet. Ich sehe die Stangen noch vor mir, an denen die Blätter hingen. Die Sommerhitze brachte unter dem Dach die nötige Wärme, oder Hitze um die grünen Tabakblätter zu trocknen und so den bekannten braunen Ton zu bekommen. Leider habe ich keine Informationen über die Weiterverarbeitung. Es würde mich brennend interessieren, wie er das Zigarrendrehen

bewerkstelligte, das sicher einige Geschicklichkeit benötigte.

Manchmal erzählte er mir von seiner Kindheit, die bei Gott unvergleichlich schwerer war als meine, denn er wuchs in bitterer Armut auf. Seine Mutter hatte wenig oder eher kein Geld, das war auch dem im Krieg 1914-1918 gefallenen Vater von Opa geschuldet. Es muss eine schlimme Zeit gewesen sein. Er erzählte wie es war mal einen „Kreuzer“ von seiner Mutter zu erbetteln, um sich mal eine Kleinigkeit kaufen zu können. Das war in seinen Gedanken anscheinend sehr verankert, da er mir mehrfach davon berichtete. Eine noch armseligere Zeit als die von er ich berichte.

Ein weiteres Erlebnis machte ihm schwer zu schaffen, der Albanienkrieg. Warum er dort eingesetzt wurde, weiß ich leider nicht, aber die Kriegswirren schienen ihn schwer zu beschäftigen, zumal er sich eine Malariainfektion einfing. Diese Krankheit ist in der heutigen Zeit schwierig auszuheilen, im Krieg und weit weg von der Heimat sehr viel schwieriger. So ist es wirklich wie ein Wunder, dass er das überlebte, zumal der Arzt ihm sagte, er würde das 30. Lebensjahr nicht erleben. Sein Lebensweg war anders angelegt und so hatte ich ihn – Gott sei Dank - bis zu seinem 85sten Lebensjahr erleben dürfen!

Und wieder beschäftigt mich die Frage, wie haben die Menschen, die den Krieg überlebt haben, diese Erlebnisse verarbeitet? Darüber reden und hoffen, es hört jemand geduldig zu? Das wurde von den wenigsten gemacht. Verdrängen und vergessen? Das war an der Tagesordnung. Sicher jeder so, wie er intuitiv am besten weiterleben konnte. Was für Leben!

Opa war immer gut zu mir. Einmal sagte er: „Bub, das Leben ist schwer“, und seine Gedanken schienen weit weg zu sein. Ich konnte das nur erahnen, da mir mein Leben nicht so schwer vorkam. In gewisser Weise unbeschwert und unkompliziert. Was mir alles erspart geblieben ist in meinem bisherigen Leben, das kann ich mir kaum vorstellen.

Mein Opa gab mir Sicherheit, er war meine Vertrauensperson und war der wichtigste Mann in meinem Leben! Ich möchte ihm heute noch dafür danken.

5.2 Mein Vater

Ein besonderes Kapitel!

Mein Vater war gut und jähzornig zugleich, er war freundlich und hilfsbereit zu Jedermann, aber er war sehr streng zu uns, alles in einem. Was der Krieg aus ihm und all den anderen gemacht hat, kann ich kaum erahnen. Bestimmt haben die Soldaten ein nicht zu beschreibendes Kriegstrauma davon getragen, so dass die Psyche so unendlich am „Hund“ war. Die Soldaten und Väter, die im Krieg waren, hatten meist nur negative Erlebnisse, Leid und sterbende Kameraden. Wie soll da anschließend eine Kindererziehung funktionieren? Zu verstehen, was ihnen widerfahren ist, ist kaum möglich, zumal wir Kinder von diesen Dingen ja nichts wussten und auch nur Bruchstücke aus

Berichten erfuhren. Diese Veteranen waren mit dem was sie erlebt hatten alleine gelassen. Sie verdrängten sicher alles, und so hatten wir Kinder zum Teil vermutlich eine Art ungewollte, psychologische Aufgabe, die uns weder bewusst noch angenehm war. Es könnte möglicherweise was zu tun haben mit der Macht der Unterdrückung, die ihnen widerfahren ist, und nun wollten sie das vielleicht unbewusst, leider, an uns abreagieren.

So mussten wir Kinder der Kriegs-Väter schon einiges erdulden an Ungerechtigkeiten, Strenge und Disziplin, - wir hatten jedenfalls einen aufbrausenden Vater.

Ich war meistens verschont, da ich angepasst war und nichts unternommen hatte, um den Zorn des „Vorstandes“ hervorzurufen. Meine Brüder könnten da sehr viel mehr berichten.

Ich ging einige Male knapp vorbei an Schlägen, das heißt, ich bekam keine. Es war schon ein Drama, als ich die Geige im Zug liegen ließ, ich war zu der Zeit im Gymnasium in Freising und hatte dort Geigenunterricht und träumte auf der Heimfahrt. Ich war in Gedanken und schon immer ein Träumer. Oh je, war das damals auch schon so? Zwei Mal ließ ich die Geige in einem Jahr im Zug liegen, und jedes Mal bekam ich sie wieder. Warum ich sie wieder bekam? Ich schien so, als ob kein Mensch dieses Instrument haben wollte, da er dann vielleicht auch das Spiel der Geige erlernen musste. So bekam ich sie immer wieder und Schläge bekam ich Gott sei Dank nicht, aber die verbalen „Attacken“ waren auch kaum zu ertragen.

Vater spielte Geige und so mussten Erich und ich auch Geige lernen, welch eine Qual! Vater stand dabei und korrigierte meine auf dem Gymnasium in Freising erlernten Griffe und die Bogenhaltung.

Meine Erinnerung geht auch zurück auf das Essen, das war so manches Mal ein Stress. Wir mussten „aufessen" und auch manchmal essen, was uns nicht schmeckte. Ich erinnere mich an fettes Fleisch und an Quarkbrote mit Paprika, die mich zum Würgen brachten. Ich weiß genau, wie ich es aus meinem Fenster geworfen habe aus lauter Verzweiflung.

Die meisten unangenehmen Vatereigenschaften waren die Züchtigungen. Der Stock auf dem Türstock oder das Geräusch, wenn er den Gürtel aus der Hose zog, höre ich heute noch, wenn ich einmal meinen Gürtel schnell aus der Hose ziehe. Diese Erinnerungen kommen dann sofort wieder. Das meiste habe ich schon vergessen oder abgelegt und will darin auch nicht wühlen, und das ist gut so, so kann es mich nicht mehr belasten. Ich habe mir vorgenommen, mit meinen Kindern besser umzugehen, um diese Fehler nicht zu machen. Ich habe es geschafft, in Bezug auf die Kindererziehung keine Kopie meines Vaters geworden zu sein. Ich habe die negativen Eigenschaften, Gott sei Dank, nicht weitergegeben und ich habe keinerlei Neigungen zu Jähzorn oder Wutausbrüchen. Darauf bin ich sehr froh und sehr stolz!
Doch gute Eigenschaft meines Vaters, die Hilfsbereitschaft habe ich weitergeführt.

Wie ich feststelle, kann man das Weitergeben unangenehmer Charakter-Eigenschaften der Eltern unterbrechen, ich schaffte das. Es ist wert, diese Erkenntnisse aufzuschreiben.

5.3 Meine Mutter

Meine Mutter war im Grunde das Gegenteil, ausgeglichen und ohne besondere Emotionen. Sie war irgendwie ein Neutrum, ohne die großen Gefühle einer Mutter. Ich kann mich nicht erinnern, dass sie mich mal in den Arm genommen hätte. Ich war es nicht gewohnt und so hat mir das auch nicht gefehlt. Der Vorteil von solch einem Naturell ist, dass man sich auf einen Menschen einstellen kann, keine Überraschungen erleben musste und auch keine Gefahr drohte, wenn man nach Hause gekommen ist.

Was sie alles mit meinem Vater erlebt hat, ist ein anderes Kapitel. Dieses Kapitel kann ich nicht aufschlagen und kann es auch nicht beurteilen. Es war für sie alles andere als einfach, da die Kriegsverletzungen, die Schussverletzungen in Oberschenkel und am Handgelenk sowie der wandernde Splitter an der Halswirbelsäule zu ertragen waren. Weil das alles noch nicht reichte, kam ein Herzklappenfehler hinzu, der Ohnmachtsanfälle auch zur unpassenden Zeit hervorrief. Sie hatte sicher kein leichtes Leben, da die ständige Angst um ihren Mann allgegenwärtig war. Das wenige Geld, das zur Verfügung stand, erschwerte ihr und unser Leben, aber wie gesagt, ich bekam davon wenig mit, oder ich ging intuitiv und unbesorgt durchs Leben mit dem bekannten Spruch: „Das ist halt so“. Eine Gegebenheit ist mir aber noch in Erinnerung. Der erste elektrische Kühlschrank wurde angeschafft, dafür wurde ein Kredit bei einer Bank in München aufgenommen und in Raten abbezahlt, denn die Verdienstmöglichkeiten waren sehr bescheiden.

Ja das war damals so!

5.4 Meine Oma

Eine herzensgute Frau mit viel Gefühl, ja, meine Oma war einfach gut zu mir und versuchte das auch bei jedem.

Sie klagte nie. Sie kümmerte sich jeden Montag um die Wäsche, wie? In einer Blechhütte im Hof heizte sie einen Waschkessel, das war damals so, kochte die Wäsche, und schrubbte die heiße Wäsche auf einer Waschbank. Diese wurde anschließend im Freien zum Trocknen aufgehängt. Sommer wie Winter. Eine Waschmaschine? Davon wurde damals nicht einmal geträumt. Eine sehr harte Zeit!

Unvergessen und auch heute noch für mich beeindruckend war meine Lösung für folgendes Problem.

Oma und Opa wohnten zu dieser Zeit schon im Parterre und wir weiterhin im 1. Stock. Wenn jemand von der Familie von oben die Treppe runterging, war das auf der Holztreppe alles andere als geräuschlos. Zeit genug für Oma, an ihre Wohnungstüre zu kommen und diese schneller zu öffnen als man diese passieren konnte. Die Frage kannten wir schon auswendig „Wo gehst Du hin? Was machst Du? Wann kommst Du heim?" Diese Fragen waren sehr lästig für uns alle fünf vom 1. Stock.

Da ich mir damals schon vorstellen konnte, was in Oma vorging, überlegte ich mir eine Strategie, um mir die lästigen Fragen zu ersparen und ihre Neugier zu befriedigen, denn sie wollte ja sicher nur ein wenig an unserem Leben teilhaben.

So lief oder besser sprang ich die Treppe hinunter und schaffte es schneller an ihrer Türe zu sein als sie, öffnete diese und berichtete im Detail, wo ich hinginge, was ich zu tun beabsichtigte und wann ich wieder zu Hause wäre. Sie war anschließend sehr zufrieden!

Weiter erinnere mich zum Beispiel daran, dass sie mir während meiner Bundeswehrdienstzeit, in der der Wehrsold äußerst mager war, ab und zu fünf Mark in die Hand gedrückt hat für das Benzin, das vergesse ich ihr nie, denn sie hatte das mühsam gespart. Dafür bekam ich damals 10 Liter Benzin für mein Auto!

Ja, meine Oma hatte noch ein schweres Los zu tragen. Kurz vor der gemeinsamen Goldenen Hochzeit mit Opa ereilte sie ein Schlaganfall, der damals noch nicht so erfolgreich behandelt werden konnte. Sie war sofort halbseitig gelähmt, ein Schicksalsschlag. Sie wurde im Pflegeheim in Schönbrunn untergebracht und erduldete ihr Situation ganze sieben Jahre mit unvorstellbarer Demut.

Das war die Zeit, als ich schon den geliebten roten VW-Käfer hatte, den mir meine Eltern zum großen Teil finanzierten. Natürlich war es für die Familie auch ein Vorteil, da es doch immer wieder Fahrten gab, die ich machen sollte, da keiner in der Familie den Führerschein hatte. Mein Bruder war zu dieser Zeit schon verheiratet und ausgezogen.

Mein „Käfer“ sollte nun die Strecke von Haimhausen nach Schönbrunn und zurück noch viele Male zurücklegen, denn die Frage von Opa kam, wenn es Freitag war, „Bub kannst‘ mich am Sonntag fahren“? „Ja“, war meine Antwort, für Opa machte ich das, kein Problem. So fuhr ich am Sonntag, fast jeden Sonntag, Opa nach dem Mittagessen nach Schönbrunn. Ich ging mit Opa mit, ins Pflegeheim um Oma in ihrem Zimmer einen kurzen Besuch zu machen. Ich konnte mir dieses Leben, immer im Bett zu liegen, immer auf Hilfe angewiesen zu sein, überhaupt nicht vorstellen. Anschließend fuhr ich wieder nach Hause, um gegen fünf Uhr Nachmittag Opa wieder in Schönbrunn abzuholen, der dann schon in der nahegelegenen Wirtschaft des Pflegeheimes bei einem Bier saß.

Ja, sieben Jahre Sonntagsfahrten waren das eine, aber sieben Jahre im Bett zu liegen ist mit Sicherheit unvergleichlich schwerer, ja unvorstellbar.

Das waren für mich die ersten Lektionen der Demut! Das blieb mir sehr in meinem Gedächtnis haften.

5.5 Unser Haus-Mitbewohner - Walter Scholz

Herr Scholz war, wie gesagt, auf einmal da und wohnte in „unser‘m“ gemeinschaftlichen Haus als Untermieter bei der Witwe Obermeier. Wie und wo er herkam, hat mich nie interessiert, auch nicht wo er schlief, und noch weniger wie das Verhältnis zwischen den beiden war. Er war einfach da und fotografierte gerne. Er entwickelte seine Filme selbst und machte auch die Abzüge auf Papier. Dazu funktionierte er die Waschküche von Frau Obermeier einfach um in eine Dunkelkammer. Die Kammer hatte eine dicke, alte Türe und man konnte den Raum nur vom Hausgang aus betreten. Eintreten durfte ich nur, wenn das ausdrücklich erlaubt war; wenn ich zu Unzeiten die Klinke betätigte, ließ ich diese wie von einem Blitz getroffen gleich wieder los, der Schrei „Raus“ ging durch Mark und Bein, ja, Herr Scholz hatte eine beeindruckende und kräftige Stimme. Das war also das Fotolabor von Herrn Scholz, das man während der Zeit des Entwickelns der Negative nicht betreten durfte, da diese sonst überbelichtet und wertlos geworden wären. Das wäre sehr schlimm gewesen und wäre nicht so leicht verziehen worden. Herr Scholz war Fotograf, kein Berufs-Fotograf, aber seine Ausrüstung war sehr professionell und mit dieser Nebenbeschäftigung verdiente er sich sein Jura-Studium.

Eine weitere Besonderheit seiner Person war die Schwerbehinderung, die kam ursächlich, wie erzählt wurde, nach seiner schweren Krankheit, der Kinderlähmung, die damals nicht behandelt werden konnte. Seine Beine waren nicht mehr funktionsfähig, so ging er mit Prothesen, die die Beine stützten, und er hatte zwei Stöcke, die ein Gehen ermöglichten. Zum Hinsetzen musste er im Prothesen-Kniegelenk eine Raste betätigen, damit diese einknickten, erst ein Bein, dann das andere. Das Aufstehen war auch wiederum eine Kunst, um die Prothesen nacheinander wieder einzurasten, Übung hatte er darin genügend.

Wenn ich heute zurück denke, so konnte ich bei ihm nie Traurigkeit oder Verzweiflung spüren, vielmehr Lebensfreude, Begeisterung und Kraft, die sich wie erwähnt auch in seiner Stimme widerspiegelten. Woher er diese Eigenschaften, diese Tugenden nahm, blieb mir ein Rätsel. Keine Psychologen, die ihn unterstützten, wo nahm er nur diese Lebenskraft her? Natürlich konnte ich diese Umstände damals nicht ganz erfassen, das war für mich einfach so und ich machte mir damals keine Gedanken, das war halt so. Es lohnt sich aber heute noch darüber nachzudenken, um diese Situation zu reflektieren.

Wie kann man sich ein Studium zu dieser Zeit vorstellen, es war mit Anwesenheit auf der Uni verbunden und Haimhausen war verkehrstechnisch im Niemandsland, „in the middle of nowhere“. Ein Problem schon für jemanden, der alle Gliedmassen bewegen konnte, und für Walter Scholz eine ungemein große Herausforderung. Es gab immerhin einen Bus, der einmal am Tag von Kammerberg über Haimhausen nach München fuhr. Die Haltestelle war am „Millibankerl“, das war, wie schon berichtet, eine Holzbank, auf dem die Bauern ihre Milchkanne zur Abholung durch das Milchauto abstellten. Diese war in der Mitte des Dorfes, beim Kaufhaus Baumann. Dieser Bus ging zum Glück an unserem Haus vorbei, und wenn Walter Scholz vor dem Haus stand, hielt der Bus sogar in der Dorfstrasse 10 an, um den Mann mit den Stöcken und der Behinderung einsteigen zu lassen. Das Einsteigen, ein Akt, der übermenschliche Kräfte verlangte, da es einige Stufen von der Straße bis in den Bus zu erklimmen war, Herr Scholz besaß sie und die Willenskraft. Ein wunderbarer Service des Busfahrers, der ihn vorm Haus einsteigen ließ.

Nun zurück zu, „hinter unser‘m Haus“. Auch Walter Scholz musste mit seiner Behinderung auf die Toilette gehen, und das war hinter unser‘m Haus - was für eine unglaubliche Anstrengung und wie er das meisterte, ohne Klagen, eine Treppe mit fünf Stufen zum Hof und dann eine Strecke über den Hof, zum besagten „Örtchen“!

Nur im Winter, wenn es geschneit hatte und die Wegstrecke glatt war, traute er sich nicht mehr alleine zum „Stillen Örtchen“ gehen, da die Strecke auch noch abschüssig war. Ein Schrei des Fotografen in unserem gemeinsamen Hausgang, er hatte, wie gesagt, eine kräftige Stimme und rief „

Opa“ - alsbald erschien mein Opa in der Türe zum Hausgang, er wohnte ja mit meiner Oma in der Wohnung vis á vis, nachdem die Wohnung im Parterre nicht mehr von Familie Wolf benötigt wurde. Opa holte einen unserer Kinderschlitten, Herr Scholz setzte sich nach dem Überwinden der fünf Stufen zum Hof und nach einigen Mühen auf das Wintergefährt. So ging es zum Ort, wo auch der Kaiser zu Fuß hingeht, wie man sagt, aber Herr Scholz kam mit dem Schlitten, also eleganter als der „Kaiser“. Er saß auf dem Schlitten und hatte immer einen lustigen, ironischen Spruch drauf, auf dem Weg zum „Herzchen-Ort“. Opa wartete bis alles erledigt war, und alsbald ging es die leichte Anhöhe zurück zum Haus. Ein Bild für Götter.

5.6 Meine Zeit als Fotomodell

Die „Karriere“ als Fotomodell begann so mit 4 Jahren mit dem Einzug von Herrn Scholz in die Wohnung von Frau

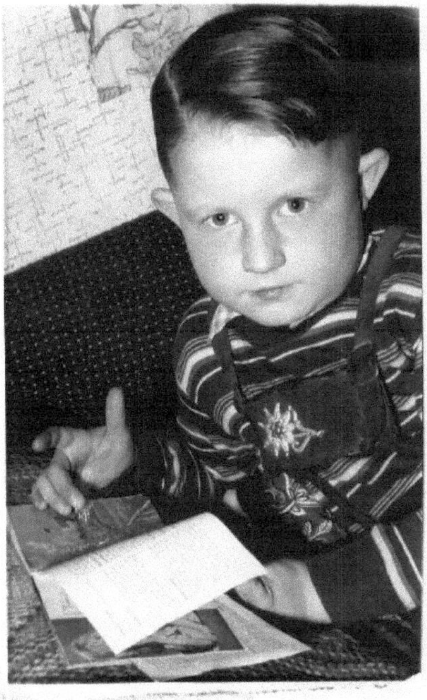

Obermeier. Seine sehenswerten Bilder gelangen ihm unter anderem auch durch seine sehr teure, hochwertige Fotoausrüstung. Wie teuer diese damals gewesen sein musste, kann ich nur erahnen, denn heute kostet dieses Prachtstück, eine 6x6 Rollei Rolleiflex, bei „ebay“ immer noch 750.- €uro. Welche Qualität, welche Besonderheit! Vielleicht benötigte er diese Art von Kamera auch deshalb, weil er von oben in das aufklappbare Objektiv sehen konnte. Das ging so: Er hatte den Fotoapparat umhängen, stütze sich auf seine zwei Stöcke und stand mit den durch Prothesen gehaltenen Beinen erst mal da, dann beugte er den Oberkörper nach vorne und nach unten, bis die Schulterblätter auf seinen beiden Stöcken ruhten, die unter den Achseln positioniert waren. Mit dieser Stellung hatte er die Arme frei und sah von oben in das Objektiv. Ja er musste sehr viel Kraft in den Armen gehabt haben, und er hatte ein gutes Auge für die Objekte, die er auf den Film bannte.

Ja, und irgendwann entdeckte er auch mich.

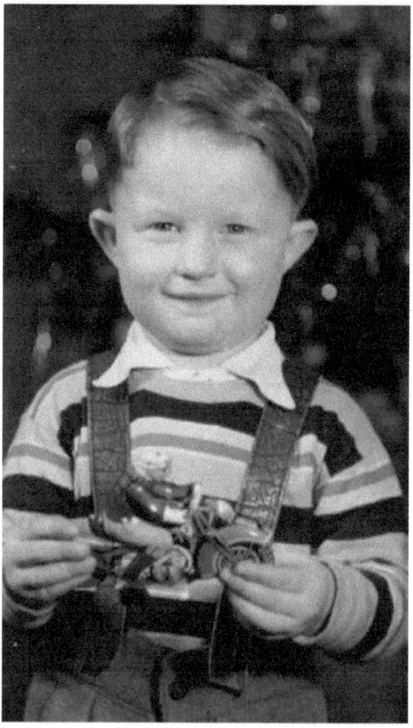

Ich war brav und geduldig und ich war, na ja, ein hübsches Kind, obwohl ich abstehende Ohren hatte.

Geduldige Fotomodelle liebt jeder Fotograph, und so entstanden Bilder, die ich heute noch gerne anschaue, mit einem Motorrad - mein erstes Motorrad - und mehr. Herr Scholz hatte viel Lebensfreude, trotz seines großen Handicaps, er strotzte nur so vor Kraft, seine laute, aber positive Stimme hörte man gut und seine Kraftausdrücke waren immer untermalt mit einem verschmitzten Lächeln.

5.7 Meine Zeit als Autowäscher

Als die Studienzeit von Herrn Scholz vorbei war, und genug Geld verdient war, kam sein erstes Auto, ein VW Käfer, der von seinem „Schwiegersohn“ Alfons angeliefert wurde. Der Umbau zu einem Fahrzeug, das nur mit den Händen zu bedienen war, war eine technische und handwerkliche Herausforderung, zumal es noch keine Autos mit automatischem Getriebe gab. Die Kupplung, sowie das Gas- und Brems-pedal mussten über ein Gestänge von Hand bedienbar gemacht werden. Wie die Bedienung funktionierte verfolgte ich höchst interessiert, da ich hin und wieder mitfahren durfte.

Anscheinend liefen die Geschäfte als Rechtsanwalt recht gut, denn alsbald wurde der VW Käfer durch einen Mercedes ersetzt. ☺

Das war dann der Start meiner „Karriere“ zum Autopfleger. Mein erstes Auto zu pflegen und gleich etwas Besonderes in dieser Zeit. Ich wusste damals natürlich nicht, wie das geht, so stand ich bei meiner Arbeit oder besser meiner Lehrzeit zum „Autopfleger“ unter ständiger Aufsicht mit Erklärungen von Herr Scholz.

Er schaute natürlich immer aus dem Fenster, um den Fortschritt zu beobachten. Er muss trotz seiner Behinderung ein guter und versierter Anwalt gewesen sein, um sich dieses Traumauto, einen Mercedes 180, Baujahr 1959 mit 60 PS, leisten zu können. Das Nobelgefährt wurde wieder in ein „Nur-mit-den-Händen“ zu bedienendes Auto umgebaut. Da ich auch wieder mal mitfahren durfte, konnte ich die verbesserte Geschicklichkeit von Herrn Scholz auch hier beobachten und das war der Beweis, dass es ohne Beine auch gehen kann.

Alle Tätigkeiten wurden während des Waschens kommentiert, und ich lernte so schnell mein Taschengeld aufzubessern. Der Abschluss oder das „Finish“ war die Reinigung der Weiß-Wand-Reifen. Diese Reifen hatten außen einen weißen Ring im Gummi, es hieß „Weißwandreifen“ und war damals der letzte Schrei. Darum mussten eventuelle schwarze Striemen im weißen Gummi mit großer Sorgfalt entfernt werden. Das war der letzte Schliff beim Waschen des Autos und gab einen extra Bonus. Ich habe die Arbeit gerne gemacht, war es doch eine gute Aufbesserung des Taschengeldes, das ich für meine Flugmodelle dringend gebraucht hatte. Leider weiß ich nicht mehr, wie viele Balsaholz Bretter ich mir dafür kaufen konnte, um mein damaliges Hobby, die Modell-Fliegerei finanzieren zu können, aber darüber berichte ich noch später.

6 Unsere Erlebnis-Badestellen

6.1 Das „Bad“ - hinter unser‘m Haus

Nun war es wieder einmal Sommer, und wir hatten nicht nur ein „Erlebnis-Bad“ im Dorf, nein, wir hatten mehrere Möglichkeiten zum Baden.
Eines, unserer „Schwimmbäder“ war, wie „luxuriös“, gleich hinter‘m Haus, der schon erwähnte Amper-Kanal, „de kloa Amper“, wie wir ihn nannten. Ein Fluss, der ein Stehen in der Mitte nicht ermöglichte, so flott floss er dahin. Er war, hüben und drüben mit Bäumen und Sträuchern bewachsen – Natur, soweit das Auge reichte. Ein Bereich,

geschaffen für Kinder, zum Spielen und Baden. Bäume, Steine, Äste und das Wasser, Abenteuer und Freude pur. Nur war uns das nicht bewusst, es war so und es war einfach schön und kurzweilig.
Wenn wir auf die andere Seite des Flusses kommen wollten, so mussten wir flussaufwärts an das Ende „unseres“ Gemeindegrundstückes gehen, dort hinein springen, um

zügig schwimmend die andere Seite zu erreichen. Dort konnten wir uns an Sträuchern festhalten und so das andere Ufer erklimmen. Das Zwischenziel war erreicht. Nach kurzer Verschnaufpause ging es wieder ab in die Fluten, um, gegen den Strom schwimmend, und dabei querend, das heimische Ufer wieder zu erreichen. Das nächste Ziel war ca. dreihundert Meter weiter flussabwärts, die „Kleine-Amperbrücke“ die wir nach zwei Flussbiegungen erreichten. Bei jeder Biegung, die der Kanal machte, mussten wir darauf achten nicht zu nahe an das Ufer zukommen, da wir sonst durch die schnelle Strömung in der Flussbiegung an das Ufer gedrückt würden. So versuchten wir immer in der Mitte des Kanals zu schwimmen. Die Amper hier war nicht so tief, sodass wir meistens stehen konnten, aber wirklich stehenbleiben war bei der Fließgeschwindigkeit nicht möglich. Aber aufgepasst, da gab es die „Gumpe“, das war eine Vertiefung des Flusses in der Kurve, eine Ausspülung, in der man absolut nicht stehen konnte. Also mussten wir uns rechtzeitig schwimmend in der Mitte halten. Nachdem wir unter der Brücke durchgeschwommen waren, mussten wir wieder an Land, denn danach kam eine lange Strecke bis zum Fußballplatz und diese Strecke war uns nicht so geheuer. Keiner schwamm weiter, zu viele Strömungen und Strudel. Ich sowieso nicht, ich war ja kein Draufgänger, der Neuland entdecken mochte. Ich war eben nur ein bisschen mutig, aber das war nie wirklich schlimm für mich.

Ob mein Name Programm war? Hel und Mut, helle war ich schon etwas, aber Mut wie gesagt weniger!

Nach dieser Brücke gab es eine Art Furt, eine große Ausbuchtung in der Amper, in der das Wasser ruhig war. Es war auf jeden Fall ideal, dort wieder „auszusteigen“ aus dem „Erlebnisbad“, um die Strecke nach Hause wieder zu Fuß zurückzulegen.

6.2 Wasser-Tür-fahren – was für ein Spaß!

Jahre später – eine Idee wurde geboren. Es war einfach nur toll, diese Idee in die Tat umzusetzen. Wer auf die Idee kam, weiß ich nicht mehr. Waren es einfallsreiche Gäste auf dem Nachbargrundstück, die im Café Schmidt zu Gast waren oder haben diese Leute uns kopiert, egal, es war ein riesen Spaß für uns.

Wie auch immer. Um das Spektakel in die Tat umzusetzen, kam ich auf die Idee, mit einer auf dem weitläufigen

Gelände entdeckten alten Türe auf der Amper hinter un ser‘m Haus „Wasser-Türe“ zu fahren. Der Name „Wasser-

Tür-fahren“ war geboren. Ein Ende eines Seiles wurde an einem kräftigen Baum angebunden und das andere Ende links und rechts an der Türe befestigt. Ein weiteres dünnes Seil wurde als Halteseil befestigt, und schon ging es ab in die Fluten. Das Halteseil im Griff, konnten wir nach einiger Übung ganz elegant den Amper-Kanal queren und sogar Zeitfahren veranstalten. Ein breites Grinsen machte sich auf den Gesichtern der „Surfer“ breit, ein tolles Spektakel. Das Rückwärtsfahren, also verkehrt auf dem Brett stehen, gelang dann aber nicht immer, und ein Absturz in die Fluten war oft unausweichlich. Bis man dann irgendwo wieder am Ufer anlanden konnte und zurück war, verging Zeit, aber der nächste Surf-Kandidat war ja nicht weit. Auch das Aufsteigen auf das Brett oder besser gesagt auf die Türe wurde von Tag zu Tag eleganter, und so sprangen wir vom Ufer aus direkt auf das Gefährt, um sofort in die Mitte oder bis an das andere Ufer zu „surfen“. Eine kleine, aber elegante Mutprobe war es, mit hochgekrempelter Hose und Hemd zu fahren, das machte mächtig Eindruck und gelang doch meistens. Eine andere Möglichkeit war eine Tandemfahrt, wie auf dem Bild, das war nur für Leichtgewichte möglich, wie meinem Bruder Horst damals und

einem der Bögl-Kinder.

Für die damalige Zeit war das ein unglaublich toller „Event“, und eine wunderbare Abwechslung.

6.3 Die „Bach-Auskehr“ - hinter unser‘m Haus

D’Amper is auslass’n. Das ging wie ein Lauffeuer durch den unteren Teil der Dorfstraße, und alsbald waren alle Kinder zur Stelle, mit oder meistens ohne Gummistiefel, denn dieser interessante Kanal war einmal im Jahr kein fließendes Wasser, es war ein Rinnsal. Das Wasser wurde bei einem der Wehre in die „Große Amper“ umgeleitet, denn neben den Revisionsarbeiten an den E-Werk-Turbinen wollten die Verantwortlichen auch den Bach, den Amper-Kanal, von allerhand Unrat säubern. Man zog schon mal ein altes Fahrrad heraus. Unverständlich war es schon für mich, denn wer wollte sich von so etwas entledigen, da doch jeder damals froh war, so ein Radl zu besitzen, egal wie verrostet es war. Entfernt wurde auch das „Fischkraut“, das waren grüne lange Fäden in Büscheln, die man beim Schwimmen auch immer mal spürte. All das, was die Strömung des Kanals behindern könnte, wurde entfernt.

Die zweite Aktion der Eigner bei dieser Gelegenheit war das Leerfischen des Baches. Das wiederum rief uns Buben auf den Plan, um in den „Gumpen“ - das waren, wie gesagt, von der Strömung ausgeschwemmte tiefere Bach-Senken - nach den Fischen Ausschau zu halten, das war natürlich nicht erlaubt, denn das Fischereirecht hatte der E-Werks Besitzer. Hier waren sie, die Fische, die nicht mit der Strömung abgewandert waren. Als erstes brauchte man die Gummistiefel der Oma, so man eine Oma hatte, um nicht irgendwo in Scherben zu treten. Dann war Geschicklichkeit angesagt, um erstens die Verstecke der Fische zu erkennen, die sich meistens im dichten Fischkraut aufhielten. Ich schaute zu, wie die „Großen“ mit bloßen Händen versuchten, die Fische zu greifen, und irgendwann gelang auch mir der erste Fang einer Barbe. Man musste sich langsam im Wasser bewegen, um sich ganz sachte von hinten an den Fisch heranzutasten, dann kam der schnelle Zugriff, der hin und wieder Erfolg hatte. Die Trophäe, der noch zappelnde Fisch wurde der bereitstehenden Oma überbracht, die mit einem Stockschlag auf den Kopf des Fisches für ein schnelles Lebensende sorgte. Fachgerecht schuppte Oma den Fisch, nahm ihn aus und bereitete ihn für die Bratpfanne vor. Wo sie das alles gelernt hatte? Sicher in Ihrer Heimat, im Karpatenland, auf dem Bauernhof.

Ein aufregender Tag, zumal man immer schauen musste, wo denn die offiziellen Fischer sich gerade aufhielten. Fluchtwege musste man schon wissen, denn erwischen lassen durfte man sich bei diesem „Kavaliersdelikt“ nicht. Eine „Watschn“ war da gleich „kassiert“.

Der Amper-Kanal war auch interessant ohne Wasser.

7 … und weitere Badestellen

7.1 Unser „Klara Weiher“

Wenn es mal eine Abwechslung sein sollte zum Erlebnisbad hinter unser‘m Haus, so gingen wir Kinder vom Gemeindehaus im Sommer unter anderem zum „Klara Weiher“ zum Baden. Warum der so hieß, weiß ich nicht, denn klar war das Wasser des großen Weihers auf jeden Fall nicht, das Wasser erschien trübe, der Grund war ein sump-

figer Moorboden. Dieser schwarze Sumpf quetschte sich so schön durch die Zehen, wenn man vom Ufer aus ins Wasser ging. Man konnte aber auch von einem der beiden

Holzstege über eine Leiter in das Wasser gehen. Diese breiten Holzstege waren schon sehr praktisch für uns später zum „Fangstal“, wie wir das Fangenspielen nannten. Sie dienten auch zum Sonnenbaden in den Morgenstunden für die Erwachsenen, bis wir Kinder kamen und ins Wasser sprangen, und die Ruhe der Sonnenanbeter störten. Wofür diese wunderbaren Stege wirklich da waren und warum diese so toll und stabil gebaut waren, das erkannte ich erst im Winter.

Auch dieser Weiher war in mancher Hinsicht ideal zum Baden.

Es waren die ersten Badeausflüge, natürlich immer ohne Eltern, da sie mit „Brotverdienen“ den ganzen Tag beschäftigt waren. Eine Aufsicht für uns Kinder war damals nicht möglich und auch nicht geplant. Ich konnte wie andere in meinem Alter noch nicht schwimmen, woher auch. So dienten alte, geflickte, ausrangierte, schwarze Schläuche, die von Bulldog-Reifen der Bauern stammten, als Schwimmreifen. Mit dem Hintern setzte wir uns hinein und hofften, bei diesem Versuch nicht umzukippen – ohje. Ich bin im Nachhinein wirklich erstaunt ob der Sorglosigkeit, die damals so herrschte, und mir ist kein Vorfall bekannt, der uns von unserem „Dschungelcamp“ abbringen konnte, - was für ein Glück!

Mit den Händen paddelten wir über diesen bis zu drei Meter tiefen, dunklen Moor-See, der für uns fast schwarz erschien, bis hinaus zu den Seerosen. Zum Glück konnten wir nicht bis zum Grund schauen, sonst wäre uns sicher mulmig geworden. Wir Kinder alleine über den Weiher, - haarsträubend, wenn ich heute daran denke, unvorstellbar ohne Aufsicht und ohne Schwimmunterricht. - Meine Kinder wären ohne die permanente Aufsicht und Schwimmhilfe nicht in die Nähe des Weihers gekommen. Das ist wahrscheinlich das Ergebnis meiner Erlebnisse. Die Freude am Rudern und Paddeln siegte aber immer wieder über die Angst umzukippen, und so kamen wir über den ganzen Weiher. Das Aussteigen war wieder gefährlich. So konnte man wählen: am Rand im glitschigen Schlamm auszurutschen und unterzugehen oder am Steg an der Leiter festhalten und austeigen aus dem wackeligen Schlauch. Es war so oder so nicht wirklich „prickelnd“, etwas Geschicklichkeit war schon notwendig. Naja, etwas Mut brauchte man schon.

Später...

… als ich schon gut schwimmen und tauchen konnte, war die Zeit des interessanten Fangenspielens an den Stegen und im Weiher gekommen. Es war ein sportliches Ereignis und hatte etwas Abenteuerliches.

Der „Schwimmkurs“ oder die Lernphase, sich über Wasser zu halten ohne besagte Schwimmhilfe, fand an der „Kiesbank“ statt, einem anderen Wasser-Dorado, aber davon später.

Nun, wie kann man sich ein Fangen vorstellen? Einer wurde ausgewählt, der Erste zu sein, „Ene mene muh und drauß bist du“ wurde solange gespielt, bis nur einer übrig blieb, so war ich ab und zu bei diesen Auserwählten. Sobald die Startperson ausgezählt war, sprangen alle anderen Mitspieler in den Weiher, entweder unter den Steg oder mit Kopfsprung in den See hinaus, um abzutauchen in die dunkle Moorwassertiefe. Der Fangende hinterher, bis es gelang, den Nächsten mit der Hand abzuklatschen, - ja wenn man ihn erwischt. Man suchte sich den Nächstmöglichen aus und sprang hinterher. Beim Fast-Erreichen konnte der Auserwählte abtauchen in die schwarze Tiefe und schwamm unter Wasser in eine andere Richtung, um zu entkommen. Die Taktik war ziemlich erfolgreich, da man in einer Tiefe von ein bis zwei Metern wegen des dunklen Moorwassers unerkannt eine Strecke zurücklegen konnte, um einige Meter weiter wieder aufzutauchen. Das Spiel ging solange, bis der Taucher keine Puste mehr hatte oder er erreichte den Steg, unter dem es sich gut verstecken ließ, um abermals abzutauchen. Ja, das war schon sehr sportlich, interessant und herausfordernd schön. Wir hatten sehr viel Spaß im und am Weiher.

7.2 Das kleine Wehr am E-Werk

Der Höhepunkt unserer „Freizeitbäder mit Erlebniswelt" war das untere Wehr nahe dem Elektrizitätswerk von Haimhausen. Dies ist eines von drei Wehren, die an der Amper dazu da sind, die Wassermassen für das E-Werk so zu kontrollieren, dass die Turbinen immer den passenden Wasserstand haben, das war uns damals nicht bewusst und auch ziemlich egal. Wir wussten nur von den einzigartigen, aufregenden Wasserwelten, die eine große Anziehungskraft auf uns Kinder hatten. Was es damals nicht gab, war ein Schild - Baden verboten- auch war kein Schild da das uns gesagt hätte, wie gefährlich unser „Wellness-Bereich" war. Heute wäre das eine „Event Location", eine „Canyon Tour" oder ähnliches, ausgestattet mit „Safety Guards".

Damals war es einfach ein unglaublicher Spaß, und einer hat auf den anderen aufgepasst, so dass letztlich keiner von uns zu Schaden kam, was irgendwie doch ein kleines Wunder war. Ich kann mich aber an zwei lebensbedrohliche Situationen erinnern, die gut ausgegangen sind. Einmal war es knapp bei meinem Freund Gottfried. Er schwamm aus unerklärlichen Gründen auf der anderen Seite des Schleusen-Tores, dort wo sich niemals jemand aufhielt. Er ahnte anscheinend nichts von der unglaublichen Sogwirkung des Wassers, das durch die Schleuse entstand, ihm wurden die Beine in die Schleuse gezogen, und er war auf einmal weg. Er kam wieder luftschnappend an die Wasseroberfläche, tauchte aber wieder unter. Ich versuchte ihm die Hand zu geben, war aber nicht in Reichweite. Nach mehrmaligem Auftauchen konnte er sich befreien. Das war wirklich knapp!

Den zweiten gefährlichen Beinahe-Badeunfall, bei einem anderen Jungen, werde ich später noch erzählen.

Nun zu unserer Badestelle, wie kann man sich dieses „Wasserparadies" vorstellen? Wie kann ich das in Worte fassen? Ich versuche es und hatte das Glück, ein Bild zu bekommen.

Ein Wehr reguliert bekanntlich das Wasser im Fluss. Wenn zu viel Wasser für die Turbinen im Zufluss da war, wurde eine der großen, schweren Tafeln die in U-Schienen geführt und per Zahnstangen und Kurbeln angehoben, so dass das überschüssige Wasser aus dem höheren Bereich abgeleitet wurde, in tiefer liegendes Niveau. Abgeleitet ist gelinde ausgedrückt, der Wasserdruck dort ist sehr hoch. Durch den höher gelegenen Flussteil schießt das Wasser beim geöffneten Tor des Wehres in einer Breite von ca. zwei bis drei Metern und einer Höhe von ca. 30 cm je nach Öffnung, über eine fünf Meter lange Holzplanke in den Hauptfluss, in die „Große Amper". Das Wasserniveau liegt, wie gesagt, zwei Meter tiefer, so dass es einen Wasserfall ergab, der rauschend unsere Wasserwelt bereicherte. Das war für uns ein Spaß von großem Ausmaß und wir querten diesen reißenden „Strom" im Laufschritt, und wenn wir schnell genug waren, kamen wir auf der anderen Seite an ohne mitgerissen zu werden. Ansonsten riss es einem die Füße weg und es ging abwärts, hinunter über den Wasserfall in das tosende Wasser. Die anschließenden Wellen waren nur eine weitere Herausforderung für uns, bis das Wasser wieder ruhiger wurde. Wenn uns das noch nicht genug war, konnten wir an der Seite, gegen die Strömung, auf den Wasserfall zu schwimmen, um seitlich hinter den Wasserfall zu gelangen. Das tosende Wasser über unseren Köpfen zu spüren und zu hören war schon abenteuerlich. Zum Verlassen der tosenden Geräuschkulisse mussten wir unter dem Wasserfall durchtauchen, um nach circa fünf Metern, im noch sprudelnden Wasser, wieder aufzutauchen.

Die älteren Burschen sprangen mutig von oben mit einem „Hechtsprung“ durch den Wasserfall hindurch, um im Hohlraum wieder aufzutauchen. Ich begnügte mich mit einer „Kerze“ durch das tosende und brodelnde Wasser zu kommen, das auch schon einige Überwindung kostete, denn das gelang nicht immer.

Irgendwann war es genug, ich war müde und ich fror langsam am ganzen Körper. Auf einer alten Pferdedecke von Oma ruhte ich mich aus und mit der Sonne kam die Wärme zurück und auch die Kraft, um wieder gerüstet zu sein für den tollen Wasserspielplatz. Es war schon abenteuerlich und gefährlich war es auch.

Wie gefährlich das Wehr werden konnte, war uns nicht bewusst, bis eines Tages…

…die zweite sehr bedrohliche und gefährliche Situation für uns entstand. Die Amper hatte Hochwasser, und so musste das zu hohe Kanalwasser, das für das E-Werk einen bestimmten Pegel haben musste, gesenkt werden. Dafür war das Wehr ja da, um das zu regulieren, nicht „nur“ für uns als Wasserspielplatz. So war an diesem Tag das Wehr-Tor viel weiter geöffnet als sonst, das überschüssige Wasser wurde so in das tiefer liegende Wasser, die „Große Amper“, abgeleitet. Demzufolge schoss das Wasser viel kräftiger und höher aus der Öffnung im Wehr über die Planken. Die „Große Amper“ hatte somit auch mehr Wasser, und es entstand, bei genauerem Hinsehen, eine Wasserwalze. Dieser reißende Wasserstrom des Wehres und die Wasserwalze waren nur von den mutigsten und besten

Schwimmern zu bezwingen. Natürlich schauten wir zu, wie die „Großen“ der Gefahr trotzten. Ich erlebte es, dass einer die Wasserwalze unterschätzte und diese den mutigen Schwimmer nicht mehr losließ. Er wurde nicht weggespült, sondern er wurde von der Wasserwalze immer wieder zurückgeworfen gegen den Wasserfall. Das war eine lebensbedrohliche Falle, der man nur mit einem mutigen, tiefen Abtauchen entkommen konnte, aber das machte der Betroffene in der Todesangst nicht. Ich sah, wie er um sein Leben schwamm, um der tödlichen Bedrohung zu entkommen. Sofort wurde laut geschrien, um auf die gefährliche Situation aufmerksam zu machen. Es war ein wagemutiger und athletischer Turner, den ich kannte, der von dem Problem wusste wie man den Schwimmer retten konnte.

Die unglaubliche Tat war ein Kopfsprung dieses tapferen jungen Mannes, der mit den Händen voraus auf den Kopf des Erschöpften zusprang, um diesen nach unten zu drücken. Mit diesem kräftigen Schub auf den Kopf wurde der Entkräftete soweit unter Wasser gedrückt, dass er unter die Walze gelangte. Das war die Chance, weggespült zu werden. Der Mutige konnte so gleichzeitig über die Wasserwalze springen.

Danach wartete der Rettungsschwimmer bis der Erschöpfte hustend auftauchte um ihn an Land zu ziehen. Die Rettung war geschafft und nach einer Zeit der Erholung war das wirkliche Abenteuer ausgestanden. Darüber gab es damals keine Zeitungsnotiz und das Fernsehen war gerade mal erfunden.

Keiner von uns erzählte zu Hause von diesem Ereignis, von diesem atemraubendem Vorfall, denn was wäre dann passiert? Es hätte wahrscheinlich ein paar Ohrfeigen gesetzt, Hausarrest wäre unausweichlich ausgesprochen worden und ein striktes Badeverbot wäre mir obendrein alles andere als lieb gewesen. So war es ein leichtes, ob der drohenden Trilogie, den unausgesprochenen Ehrenkodex zu bewahren, nichts zu erzählen.

Wir kannten die Gefahrenquellen unserer „Freizeitanlagen“. Unsere Eltern ahnten davon nichts. Wir waren damals nicht so gut von den Eltern behütet wie das heute ist. Vielleicht waren wir auch von anderer Stelle gut bewacht und überwacht. Das Wort Schutzengel gab es ja schon immer. So ein Glück!

Nach einem aufregenden Badetag machte ich mich auf den Heimweg. Nicht etwa auf der Straße, nein zu Wasser. Ich ließ meine Luftmatratze nach dem E-Werk zu Wasser, in den Amper-Kanal, der wie schon erwähnt an unserem Grundstück vorbei floss. Es war die Zeit, da ich so ein tolles Prachtstück schon mein eigen nennen konnte. Ich legte mich weit genug, nach den Turbinen und den anschließenden gefährlichen Wellen auf mein „Luftkissen“ und paddelte gemütlich der Heimat entgegen. Durch den romantischen Schlosspark, unter tief hängenden Ästen der Bäume hindurch, dann kam ich unter der alten Schloßbrücke durch, an Gärten entlang, und landete schließlich zu Hause. Was für eine schöne Tour, was für ein Erlebnis, welche Freude.

Nun zum nächsten Badeplatz, er war etwas ruhiger aber auch nicht ungefährlich.

7.3 Die Kies-Bank

Die „Große Amper“ floss durch das Steinerne Wehr und an den anderen zwei Wehren vorbei, am Schlosspark entlang, um dann nach einigen Windungen eine große Flussbiegung zu machen. Vermutlich hat hier die Amper in früherer Zeit viel Kies abgelagert, daher der Name Kies-Bank. Das Wasser in der großen „Kurve“ fließt sehr, sehr flott, jedoch an der anderen, der Badeseite war es flach und ruhig, also ideal zum Baden, und auch mit viel Platz auf der großen Fläche voller Kies, zum ruhigen Sonnen.

Für mich, damals noch Nichtschwimmer, war es ideal, bis ich mich eines Tages zu weit vom Ufer entfernte und den Boden in der Flusstiefe unter den Füßen verlor. Panik packte mich und instinktiv ruderte oder schwamm ich unter Wasser tauchend zum rettenden Ufer. Weinend und erschöpft saß ich am Ufer. Minuten später, als ich wieder zur Ruhe kam, lief der Film des Geschehens nochmals ab. Es fiel mir auf einmal auf, dass das meine ersten Schwimmversuche waren, ohne Aufsicht, ohne Anleitung, ja, lebensgefährlich. Nachdem ich mich wieder ins Wasser wagte, versuchte ich die Bewegungen nochmal und stellte zu meiner Überraschung fest, dass ich tatsächlich schwimmen konnte. Der Schwimmkurs hätte auch anders ausgehen können, denn keiner hatte den Vorgang bemerkt. Aber meine Zeit zum Abschiednehmen war damals noch nicht gekommen. „Es ist Dir noch nicht aufgesetzet“, würde der „schwarz gekleidete Boandlkramer“ aus dem bekannten Bühnenstück „Der Brandner Kaspar“ sagen. Ich hatte noch „gute Karten“, sogar ohne „Kerschgeist“.

Der etwas ruhigere Badeplatz war an manchen Tagen gar nicht so ruhig, denn mit einem eigenartigen Brummen, das immer lauter wurde, kündigte sich ein Erlebnis der besonderen Art für uns Buben an. Ein grünes Etwas mit rotierenden Blättern kam näher, und langsam landete mit Getöse in Sichtweite ein grüner Hubschrauber, ein großer Sikorsky S58, den genauen Typ fanden wir bald heraus. Es war ein Truppentransporthubschrauber der US-Streitkräfte. Die Piloten hatten die große Kiesfläche als Übungslandeplatz auserwählt, zu unserer aller Freude, und so war wieder einmal etwas geboten. Die Rotoren machten mächtig Wind, so dass wir unsere Handtücher sichern mussten, das hielt uns aber nicht ab, nahe am Geschehen zu bleiben. Ein Winken wurde von den Piloten immer erwidert. So konnten wir an manchen Tagen bis zu zehn Landungen und Starts aus der Nähe beobachten. Meine Faszination für Flugzeuge war geboren.

Kein Zaun, keine Absperrung, kein Schild, das uns verboten hätte, Abstand zu halten oder gewarnt hätte vor diesem grandiosen Schauspiel.

So ruhig war der Badeplatz dann doch nicht.

Der nächste Wasserschauplatz war aber auch nicht wirklich ohne, eher gefährlich.

7.4 Das „steinerne Wehr“ oder „große Wehr“

Bei diesem Wehr teilte sich die Amper und der Amper-Kanal begann. Es war die erste Wasserregulierung, und das erste Wehr für das Elektrizitätswerk und deren Turbinen. Davon wussten wir nichts, und es kümmerte uns auch nicht. Spannend war es, die überschüssigen Wassermassen zu betrachten, die durch das Wehr stürzten und in die tiefer-liegende Amper schossen. Das war schon sehr imposant und aufregend. Das Wasser floss mit lautem Tosen abwärts durch die Schleuse, um nach ca. fünfzehn Metern von hohen Höckern gebremst zu werden, die ungefähr einen Meter aus dem Wasser ragten und im Abstand von einem Meter angebracht waren.

Die mutigsten Burschen bezwangen auch dieses Wehr. Sie schwammen genau nach einer Markierung durch das Schleusentor, um mit zügiger Geschwindigkeit genau über die Höcker zu kommen, wenn man zwischen die Betonteile käme, wären blaue Flecken vorprogrammiert gewesen oder noch Schlimmeres. Um den anschließenden brodelnden Wellen zu entkommen, mussten die wagemutigen Schwimmer eine beachtliche Strecke tauchen.

Unglaublich! Ich schaute nur zu und staunte. Mir fehlte einfach der Mut, in diesem apokalyptisch anmutenden Getöse mein Leben zu riskieren.

7.5 Die große Amper-Brücke

Die große Amper-Brücke, wie wir sie nannten, war auf dem Weg nach „Bembo“, eine uns geläufige Abkürzung für Amperpettenbach. Es war eine schwere, hölzerne Brücke, denn die Amper war an dieser Stelle sehr breit. Diese Badestelle lud mich eher nicht zum Baden ein, da ein Strudel im Wasser gefährlich werden könnte. Dieser Strudel, der durch eine große Untiefe hervorgerufen wurde, war das Resultat eines misslungenen Bombenabwurfs in den letzten Kriegstagen. Gott sei Dank, denn er hätte die Brücke total zerstört.

Das war der ideale Turn- und Sportplatz für die „großen“, für die athletischen Turner aus dem Turnverein, dem ich auch damals als Zehnjähriger schon angehörte. Sie machten einen Handstand auf dem Brückengeländer, standen dort für Sekunden, um dann kerzengerade mit dem Kopf voraus in dem, von der Fliegerbombe verursachten, tiefen Wasserbecken einzutauchen. Es war toll, zuzuschauen, die Bewunderung meinerseits war ihnen gewiss.

Das waren sie, unsere Bademöglichkeiten. Ohne, dass wir es damals registriert hatten, abwechslungsreich und gefährlich.

8 Winter in Haimhausen

8.1 Der “Klara Weiher” im Winter

„Kimmt daher die Winterzeit, g’frein sie olle Mannaleit, denn da is de Eisstockzeit“
– dieses bairische Lied fällt mir ein, wenn ich an den Klara Weiher im Winter zurück denke, an meine Kindheit und Jugend und wie es dort war, denn wir verbrachten einige freie Zeit dort.

Als erstes möchte ich hier erwähnen, dass ich mittlerweile den korrekten Namen des Weihers gelesen habe, er heißt „Klarl Weiher“, Bei uns hieß unser Weiher „Klara Weiher“, die genaue Schreibweise kannten wir damals nicht. Heute weiß ich die Deutung des Namens leider auch nicht.

Nach der Zeit des Badens wurde der Weiher wieder sehr interessant, wenn es sehr kalt wurde und sich eine Eisschicht auf dem Wasser bildete. Es dauerte nicht lange, bis die ersten mutigen, etwas älteren Burschen kamen, um die Tragfähigkeit zu prüfen.

Bei den ersten Tests knackte das Eis noch furchterregend, aber schon bald kamen die ersten mit den Schlittschuhen, um mal einen kurzen Test-Lauf auf dem gerade tragfähigen Eis zu machen. Das Eis knackte und es klang manchmal wie ein Peitschenknall, wenn einige Unerschrockene sich nicht davon aufhalten ließen, bei schneller Fahrt dem gespenstischen Geräusch zu entkommen. Das Gewicht der Eisläufer schien sich zu verteilen. Es schien, als bräuchten manche diesen Kick, bei dem unheimlichen Knacken der

Gefahr zu trotzen. Es war schon eine Mutprobe, aber es ging immer gut aus.

Am nächsten Tag wurden es schon mehr Läufer und bald kamen die Männer mit den Eisstöcken und präparierten eine Eisbahn für das Eisstockschießen. Das „klack, klack" der Eisenringe, die den hölzernen Scheiben damals die Stabilität gaben, war schon von weitem zu hören, wenn einer den Stock des Gegners aus der Bahn schoss oder von der Taube weg geschossen hatte.

Ich traute mich aber erst auf das Eis, wenn es nicht mehr knackte, denn mir fehlte der Mut, es war mir zu gefährlich. Risikoreiche Taten waren so gar nicht mein Ding.

Meine ersten Schlittschuhe verdienten damals das Wort „Schlitt-Schuhe" nicht wirklich, denn es waren Eisenkufen, die seitlich an den Schuhsohlen der Winterschuhe mit einem passenden Schlüssel auf die Sohle aufgeschraubt wurden. Das war damals so und man konnte fahren lernen, solange die Kufen oder Metallteile auf den Schuhsohlen hielten. Was natürlich nicht passieren durfte war, dass man sie zu fest an die Sohlen schraubte und sich die Sohle vom Schuh löste. Das war der schlimmste Fall, da die Anzahl der vorhandenen Winterschuhe in dieser Zeit wirklich beschränkt war! Wie auch immer, ich konnte nach einiger Übung über das Eis „gleiten", naja fahren oder kratzen, wäre die bessere Wortwahl gewesen. Ich sah aber auch die wunderbaren, schneeweißen Schlittschuhe von den drei Dorfschönen, die elegant über das Eis fuhren. Die Eisenkufen der drei Grazien waren fest mit den Schuhen verbunden, ja das war der Hit und es sah schon sehr elegant aus.

Der Spruch, der mir heute in den Sinn käme ist: „schene Leit‘ ham schene Sach‘n“. Eines der Mädels war Ilona, sie war die Tochter des Inhabers des örtlichen Schuhgeschäftes und somit sicher an der Quelle, um sich diese „Schlitt mit Schuhen“ leisten zu können. An Neid kann ich mich auch hier nicht erinnern. Ich sah damals einfach die schönen Dinge und erfreute mich an ihnen. Ich war froh, auch dabei sein zu können, auch mit meinen „Schlitt ohne Schuhe“.

Irgendwann hatte ich später auch solche tollen Schlittschuhe, die sicher jemand abgelegt hatte, denn neu kaufen wäre nicht möglich gewesen. Es war auf jeden Fall eine bedeutende Verbesserung meiner „Eislaufkunst“. Man konnte auf der großen Eisfläche, wenn das Eis mal auf Grund der Witterung blank war, schöne große Runden drehen, bis zu einem gewissen Zeitpunkt…

8.2 Das „Eisen“ am Weiher

Der Zeitpunkt, an dem die großen Eislaufrunden unterbrochen wurden, war gekommen, wenn das Eis besonders dick war. Die Unterbrechung kam in Gestalt von Männern, die mit ihren Eispickeln und Eishacken ihrer Arbeit nachgingen. Das „Eisen“ am Weiher begann.

Wie schon mal erwähnt, hatte der Weiher zwei stabile Stege, die vom Ufer so ca. zehn Meter weit in den Weiher hinein ragten. Zwischen den beiden Stegen gab es eine hölzerne, aus Stangen gefertigte Fläche oder Rutsche, die im Wasser endete und das andere Ende ans Ufer ging. Die Fläche waren Rutschen. Der Zweck erschloss sich mir, als ich die Aktion der Männer das erste Mal verfolgte. Die Arbeiter waren von der örtlichen Brauerei, und bald begannen sie mit den eigenartigen Hacken zwischen den Ste-

Der Klarlweiher mit einem der beiden Holz-Stegen.

gen das Eis aufzuhacken und in quadratische, ca. 1 x 1 Meter große Stücke zu zerteilen. Das Eis war zu diesem Zeitpunkt absolut tragfähig, und schätzungsweise fünfzehn Zentimeter dick.

Sobald die ersten Eisstücke freigehackt waren, wurden diese zwischen den Stegen auf die hölzerne Rutsche geschoben, diese Rutsche ging ein kurzes Stück nach oben, um dann am Ufer etwa zehn Meter in einem leichten Gefälle nach unten zu verlaufen. Die Rutsche endete in einer Höhe von etwa drei Metern, und am Ende warteten die Lastwagen der Brauerei, auf deren Ladeflächen die schweren Eisplatten donnernd krachten.

Die Lastkraftwagen der Schloßbrauerei Haimhausen brachten die großen Eisquader in den Sommerkeller, der in einen Naturhang eingebaut war. Die Lastwagen fuhren den Kellerberg hinauf und die Arbeiter entluden die Eisplatten von der Ladefläche durch ein Loch in den entsprechenden Kellerabteilungen. Dabei wurde das Eis auch gleich zerkleinert. Das gemauerte Gewölbe war zusätzlich mit einer meterdicken Torfschicht bedeckt, und darüber wurde die Erde planiert.

Das war eine natürliche Isolierung in dieser Zeit. Der Torfstich war im Inhauser Moos, einer Torflandschaft in nahen Münchner Schotterebene. Das Eingangstor in den Hang ist heute noch zu sehen auf dem Weg nach Amperpettenbach. Durch dieses Tor brachten die Lastwagen der Brauerei die Bierfässer zur Lagerung. Ein Raum unter der Erde, der das ganze Jahr durch das Eis die gleiche Temperatur hatte, Klimageräte waren noch nicht erfunden. Bis zum nächsten

Winter, wenn das „Eisen“ aufs Neue begann. So war für die Kühlung des Hopfensaftes das ganze Jahr über gesorgt.

Auch wir profitierten bald von dem Eis, denn wir bekamen von der Brauerei einen ausrangierten Eisschrank, der im Hausgang im Erdgeschoss stand. Ein hölzernes Ungetüm, das einen Eisvorratsbehälter hatte, um für eine zeitweise Kühlung der Speisen zu sorgen, die hinter einer Türe gelagert wurden. Das notwendige Eis holten wir mit unserem Leiterwagen zur Eisausgabezeit dort ab.

Nun weiter zum „Eisen“ auf dem Weiher. Nachdem die Fläche zwischen den beiden Stegen frei war, arbeiteten sich die „Eismänner“ Meter um Meter weiter auf den See hinaus. Das Eis wurde systematisch in diese Quader zerlegt, zerhackt und mit den Eispickeln übers Wasser zu den Rutschen gezogen, so wurde immer mehr Wasser sichtbar. Das war für uns Schlittschuhfahrer aber nicht ganz ungefährlich, denn die Grenze zum Wasser war nicht, wie das

heute selbstverständlich wäre, irgendwie gesichert, noch war es mit Hinweisschildern markiert. Man wusste von der Gefahr, und ich blieb von solch einer Gefahrenquelle sowieso weit entfernt. Das hielt die Mutigen nicht ab, immer wieder mit Schwung vor dem Eis-Rand eine elegante spektakuläre Bremsaktion vorzuführen, sodass der Eis-Staub mehrere Meter in hohem Bogen in das Wasser spritze. Einmal misslang diese sehenswerte Einlage. Die Kufen der Schlittschuhe waren anscheinend nicht mehr scharf genug, und so kam es wie es kommen musste, der „Künstler" überschätzte sich, konnte sein Bremsmanöver nicht mehr vor der Wasserfläche beenden und landete im Wasser. Das war dann wirklich lebensgefährlich. Die Kleidung sog sich voll Wasser, die Schlittschuhe waren schwer und es kam Panik auf. Die Rettung kam durch zwei ältere und ebenso mutige Jungs, die sich auf dem Bauch kriechend an den Rand des Eises wagten, um den triefenden, zappelnden, sich am Eis Rand verzweifelt festhaltenden Burschen an der nassen Jacke zu packen und zu sichern. Die Eisarbeiter waren alsbald zur Stelle und kamen mit ihrem Eispickel zu Hilfe um den triefenden Kerl mit vereinten Kräften das Leben zu retten. Was für eine Aufregung! Kein Zeitungsartikel, keine Anklage wegen Sicherheitsmängel! Nur die Eltern durften es so spät wie möglich erfahren, da es sicher „Dresche" gegeben hätte.

Obacht geben, Glück, auch die Courage der Freunde und Kumpels waren angesagt und notwendig, um in dieser Zeit ohne Katastrophen über die Runden zu kommen, in unseren aufregenden „Erlebniswelten"!

Ich hielt mich immer in respektvoller Entfernung von gefährlichen Situationen auf, denn das war mir zu gefährlich.

8.3 Schlittenfahren - meine Passion

Sobald genügend Schnee lag war die nächste Abwechslung da, Schlitten fahren. Dazu hatten wir im Ort, ob der hügeligen Lage, einige Möglichkeiten.

Die Schlittenberge hießen Blasiberg, Weissenberg, Profaniberg und einige ohne speziellen Namen. Die meisten Schlittenberge waren damals befahrbare Straßen, die nicht geräumt und gestreut waren, zu unserem Glück. Die Schlitten, die wir hatten, waren, wie auch zum Teil heute noch, aus Holz mit Eisenkufen und schon ganz brauchbar. Ja, es gab auch schon einen Jungen, der einen Bob-Schlitten hatte. Das war einen Schlitten mit einem lenkbaren Vorbau und mit einem Lenkrad. Dieser Schlitten war dann der Leitschlitten. Die Schlitten wurden zusammenhängt, mit zwei Mann belegt und der vorne saß lenkte den Schlitten, usw. Es wurden auch schon bis zu zehn Schlitten zusammen gehängt, um abends die tolle Strecke von der Haniel-Straße, weiter über die Bayernstraße, den Profani-Berg runter und bis in die Dorfstraße zu fahren. Eine Strecke von ungefähr 500 bis 600 Metern kam da schon zusammen. Das war ein Spaß, denn es wurde doch eine gewisse Geschwindigkeit erreicht, sodass die hinteren Schlitten manchmal aus der Kurve flogen, wenn wir in die nächste Straße einbogen. Ziel war es bis zum Baumann zu gelangen. Dann wurde abgehängt und jeder zog seinen Schlitten wieder den Berg hinauf um erneut zu „Tale“ zu brausen.

8.4 Mein Schicksals-Schlittenberg

Mein Schicksals-Schlitten-Berg war der steile Berg am Arbeiterhaus, rechts unten am Bildrand.

Der Schicksal-Schlittenberg

Wie kam es zu dieser Unglücksfahrt?

Um eine hohe Geschwindigkeit zu erreichen, hatten wir damals schon die Technik wie heute beim Rodeln im Eiskanal: Mit Anlauf auf den Schlitten draufschmeissen und liegend den Berg hinunter. Das Seil zum Ziehen des Schlittens wurde beim Fahren auf den Schlitten gelegt. Nur mein Seil war zu lang. Ich stieg während des Anlaufs auf selbiges, der Schlitten blieb unvermittelt stehen und ich „segelte" über den Schlitten auf den harten, gefrorenen Boden. Da meine Hände noch am Schlitten waren, war meine erste Bremse die Nase. Ich konnte nicht schreien, da ich durch den Schock eine Atemsperre hatte, nach einer gefühlten Ewigkeit bekam ich wieder Luft. Herzerweichende Schreie, aber keiner kümmerte sich um mich. Ich ging, unendlich allein gelassen, heulend vor Schmerz, nach Hause. Die Nase war sofort blutunterlaufen und schmerzte ungemein. Meine Eltern waren in der Arbeit, aber meine Oma kühlte die Nase und war sehr fürsorglich, das war's auch schon! Die Schmerzen wurden irgendwann leichter und nach einigen Tagen verschwand auch der Bluterguß. Aber es blieb noch ein Problem. Ich bekam seitdem nicht mehr genug Luft durch die Nase, und so versuchte ich mit Hochziehen mehr Luft zu bekommen. Daraufhin bekam ich den Spitznamen „Schnuffi".

Es war kein guter Spitzname.

Vor kurzem, es waren 50 Jahre vergangen, wollte ich das Problem mit meiner Nase durch eine Nasen-Scheidewand-OP beheben lassen. Die OP nahm mein HNO-Arzt vor und stellte dabei fest, dass diese acht Mal gebrochen war. Was für ein Gefühl, nach so langer Zeit, wieder frei durch die Nase zu atmen!

Ein spätes Glück!

9 Was noch zu erwähnen wäre

9.1 Radfahren lernen und mein erstes Rad

Das Radfahrenlernen verlief ohne größere Blessuren, da wir eine geduldige Lehrerin hatten, Gittis großer Schwester, Marianne. Gitti war meine Sandkasten-Liebe und wohnte, wie die ganze Familie Wolf auch im Gemeindehaus. Sie besaß ein Fahrrad, was damals schon etwas Besonderes war. Ein Damenfahrrad musste es sein, da das Erlernen mit einem Herrenrad wegen der Längsstange denkbar ungeeignet war. Wir waren eben noch viel zu klein, das heißt unsere Füße waren zu kurz, um über die Längsstange die Pedale zu erreichen. Nun, Gitti's Schwester besaß ein Damenrad. Doch als geeignet für uns Kinder konnte man es auch nicht bezeichnen, da wir gerade mal über den Lenker schauten. Je nach Pedallage ging unser

Kopf auf und ab, der Sattel war in unerreichbarer Höhe.

Marianne nahm sich unser an, da meine Eltern keine Zeit hatten oder sich die Zeit nicht nahmen. Die Zeit wurde damals anders verteilt, denn erste Priorität war Geld verdienen, um zu überleben. Wir Kinder waren damals, mehr oder weniger, auf uns gestellt, eine permanente Kontrolle gab es eben nicht. So ging es die Straße rauf und runter, das eine Mal war ich an der Reihe und das andere Mal Gitti. Irgendwann kam der Zeitpunkt, wo wir dann das Gleichgewicht halten konnten und ein alleine Radeln möglich war. Das Bremsen hatten wir noch nicht gelernt. Dann kam der Befehl „brems, brems", der mich aus der Begeisterung riss, und ein Sturz war nicht mehr aufzuhalten. Auf das gefährliche Absteigen waren wir auch noch nicht vorbereitet. Hinzu kam die Schwierigkeit des hohen Rades, das verlangte Bremsen und das Abspringen „kurz-vor-dem-Stehen". Irgendwann klappte dann aber auch dieses gefährliche Unterfangen. Kinderräder? Nein, die waren sicher noch nicht erfunden. Ich hatte auf jeden Fall so etwas damals noch nicht entdeckt. Neue Fahrräder musste es auch irgendwo geben, denn es gab ja auch gebrauchte, ich hatte auf jeden Fall noch keines gesehen.

Gebrauchte Fahrräder, wo es die gab? Bei Herrn Dlugosch, einem Kriegsversehrten, der nur noch ein Bein hatte. Er wohnte gegenüber unseres „Gemeindehauses" in der Villa Feldhofer. Er war Mechaniker und hielt sich mit Fahrradreparaturen über Wasser. Er baute auch aus mehreren Schrott-Fahrrädern in einer kleinen Werkstatt das eine oder andere gebrauchstüchtige Zweirad zusammen. Der Schuppen existiert heute noch. So kam auch ich später zu einem fahrbaren Untersatz, den mein Vater in Auftrag gab und für vierzig Mark war es bald mein eigen. Ein Rad sein Eigen zu nennen war alles andere als selbstverständlich. Dieses schwarze, mit einem Pinsel lackierte Rad bekam ich, nachdem ich die Größe hatte, über die Längsstange die Pedale erreichen zu können. Die notendigen „Fahrstunden“ davor bekam ich, wie beschrieben, bei Marianne Wolf.

Wie schon erwähnt, wohnte Marianne Wolf damals mit ihren Eltern und den fünf Geschwistern in „unserem“ Haus im Erdgeschoss rechts in drei Zimmern, ja eher Löchern, würde man heute sagen. Die Wohnung, wenn man das nach heutigen Gesichtspunkten als solche bezeichnen konnte, bestand aus einer Wohnküche und zwei Schlafräumen. Einer für die Kinder mit drei Betten, gerade mal zum Schlafen taugte der Raum, zu mehr auch nicht. Zwei Kinder in einem Bett, so versetzt, dass sich die Beine berührten, die Köpfe jeweils schauten in die andere Richtung. So schlief man damals mit sechs Kindern. Ja so war es! Es ist sicher wert, es zu erzählen.

…und noch ein Erlebnis.

9.2 Der Nigrin

Schon oft hatten wir gespielt: „Wer fürchtet sich vorm schwarzen Mann, …und wenn er aber kommt, dann laufen wir davon“, und dann kam er - der schwarze Mann die Dorfstraße herunter. Wir wollten davonlaufen, denn immer

näher kam er, aber die ersten Ängste verflogen dann doch. Er war nicht so schnell wie wir, und er war auch nicht so furchterregend wie der schwarze Mann in unserer Vorstellung beim Fangenspielen. Er war schwarz und groß, der „schwarze Mann“, größer und schwärzer als in unserer Vorstellung. Wie ein Lauffeuer ging es durch die untere Dorfstraße, dass da was Besonderes war, groß, grösser, weit grösser, als wir uns das vorstellen konnten, und so schwarz. Es war für uns eine Sensation, als wir ihn das erste Mal sahen. Er stakste durch das Dorf. Sein Name stand auf seinem Anzug, wir wussten nicht, was das bedeutet. Später erfuhren wir es. Der “Nigrin“ war eine lebende Werbefigur für Schuhcreme. Das war uns in dem Moment egal, wir hatten eine tolle Abwechslung. Bald umringten ihn eine Schar Kinder und liefen mit ihm mit, bis er irgendwann beim Haus von der Bruckmeier Rosi, bei der Brauerei, wieder von seinen Stelzen stieg.

9.1 Die „Amis“ und das Care“-Paket

Mit dem Krieg, der so viel Leid über die Menschen brachte, hatte ich wegen meiner späten Geburt zu meinem Glück keine Berührung. Die Erinnerung beschränkt sich auf eine Begegnung mit einem „Ami“ - Konvoi, der mit lautem Getöse durch die Dorfstraße fuhr und mit den Panzern die Teerdecke der Straße malträtierte. Erstaunt waren wir schon, als wir die zum Teil dunkelhäutigen Gestalten in Uniform erblickten, die uns aus der Panzerluke mit blitzenden weißen Zähnen ansahen. Zum ersten Mal sahen wir einen „echten Neger“, ein anderes Wort kannten wir für die anders farbigen Gestalten nicht. Wir kannten nur den „schwarzen Mohr“ aus dem Struwwelpeter Bilderbuch. Angst hatten wir keine, denn die Soldaten lächelten uns zu und warfen Kaugummi und Schokolade von den Lastwägen herunter. Das war für uns wie Weihnachten, Süßes das vom “Himmel“ fiel und uns ein Lächeln ins Gesicht zauberte. Die schnellsten von uns Buben trugen dann die süßen „Trophäen“ nach Hause. Ich bekam auch etwas ab, war aber nicht immer bei den schnellsten.

Eine weitere unvergessene Begegnung in der Nachkriegszeit und dem Namen Amerika kam dann, ich hörte den Namen das erste Mal, in Gestalt eines Pakets, das wir in Händen hielten. Wer bekam schon ein Paket damals? Und dann noch aus Amerika. Was da zum Vorschein kam? Unter anderem eine blaue Plastikdose. „Baby Powder“ stand da drauf. Damit konnte ich nichts anfangen, wohl aber mit einem tollen Pullover mit einem Cowboy drauf. Das war eine Sensation, und ich kam wirklich ganz groß heraus mit diesem Pullover. Am liebsten hätte ich damit geschlafen. Heute denke ich gerne daran, es war meine erste Berührung mit dem Namen „Care-Paket“, und ich weiß heute den Sinn, wenn der Name in den Nachrichten fällt.

10 Kindergarten und Schule

10.1 Im Kindergarten

An die Zeit des Kindergartens, in den ich gerne ging, habe ich nur wenige Erinnerungen. An die strengen Ordensschwestern mit den „Großen schwarzen Flügeln“ und an das Sammeln der Schnecken mit Haus. „Schneck, Schneck geh heraus, sonst werf‘ i di ins Brunnenhaus“. Dieser Spruch ist mir noch im Gedächtnis. Irgendwann streckten diese die Fühler aus, oder auch nicht, jedenfalls brachten wir diese zu unserer Ordensschwester, die das gar nicht so lustig fand.

Der Kindergarten war nur einige Häuser weiter in der Dorfstraße gelegen und der Eigentümer des Hauses war der Großgrundbesitzer des Ortes; aber wie schon gesagt, über Besitz darüber machte ich mir so gar keine Gedanken.

10.2 Die Schule, die Lehrer und mehr…

Die Erinnerungen an die Schulzeit beginnen mit einem Foto und mit meiner Schultüte.

Ich wundere mich, dass es so etwas 1953 schon gab.

Es war eine sorgenfreie, nicht schwierige Zeit. Ich war wie gesagt immer brav, hatte keine Flausen im Kopf und war nicht zu haben für irgendwelche Streiche. An Fräulein Nitzpon und die erste Klasse habe ich keine nennenswerte Erinnerungen. Aus der zweiten Klasse waren einige Dinge haften geblieben. Das erste, an das ich mich erinnern konnte war Frau Neumeier, eine junge Lehrerin. Sie war eine schöne Erscheinung. Wenn ich so zurückdenke, ja, das passiert beim Aufschreiben der „Kindheits-Memoiren“, so muss ich etwas verliebt gewesen sein in die strahlende junge Frau, wenn das in dem Alter schon möglich war. Ich ging gerne in die Schule und sehe ihr schönes Gesicht heute noch ganz klar vor mir. So war ich über die Maßen motiviert, um ihr zu imponieren. Das resultierte in sehr guten Leistungen und einem überdurchschnittlichen, ansehnlichen Zeugnis. Damit endete diese platonische „Liaison“.

Die dritte und vierte Klasse war interessant und durch einen jungen Lehrer, sein Name war Markus Bogner, war ich voll bei der Sache.

Er war ein toller Lehrer, und ich gehörte hier zum Quartett der Besten. Er konnte mich sehr motivieren, und so manch anderen auch wirklich anspornen. Das Lernen machte mir Freude. Nicht nur im Unterricht, sondern auch in der Freizeit begeisterte er uns. Eine bedeutende Erinnerung war die Betrachtung der Sterne, zu der er einige Schüler lud. Er stellte ein selbst gebautes Fernrohr auf, und so konnten wir durch dieses tolle Gerät den Mond betrachten. Die Sternenbilder, die er uns an solch einem Abend erklärte, weiß ich heute noch. Wenn ich den „Großen Wagen“ am heutigen Sternenhimmel betrachte, so gehen meine Gedanken zurück an unseren Lehrer Bogner.

Ein weiteres „highlight“ war die Vermessung von Haimhausen. Wir stellten fest wie der Höhenunterschied zwischen dem Gemeindehaus, der tiefsten Stelle vom Dorf bis zu unserem Schulhaus war. Wie echte Landvermesser hielten die einen die Messlatte, während die anderen abwechselnd durch das kleine, selbstgebaute Fernrohr lugten und die Messdaten durchgaben, die sofort von anderen proto-

Klassenbild der 4.Klasse mit Lehrer Bogner

kolliert wurden. Das war ein praxisnaher Unterricht in Heimatkunde. Wir waren voller Eifer an der Arbeit. Was kann ein Lehrer mehr erreichen, als Schüler gehabt zu haben, die nach 55 Jahren positiv an ihn zurückdenken? Was für ein Glück, was für ein Lehrer!

10.3 Mein Schulfreund Horst

In war in der dritten Klasse, als ich Freundschaft schloss mit Horst, einem Mitschüler und meinem Banknachbarn. Da wusste ich noch nicht, wer er war, und es war Zufall, dass wir uns kennenlernten, keinerlei Absicht – so etwas war mir sowieso fremd. Es ist schon sehr erzählenswert, was ich während dieser Freundschaft erlebte. Als erstes fiel mir auf, dass Horst einen Roller hatte mit Luftbereifung. So etwas hatte ich vorher nie gesehen. Einen einfachen Roller kannte ich bereits von Nachbarskindern. Ich selbst hatte ja nur ein einfaches altes Dreirad besessen. Ein Roller dieser Art war so etwas wie „Science Fiction“, zur damaligen Zeit ein Gerät vom anderen Stern. Ich wurde alsbald gebeten Horst, nach Hause zu begleiten.

Im Haus angekommen, war ich in einer anderen Welt. Das realisierte ich erst später. Horst war ein „von“, auch hier hatte ich keine Vorstellung, keine Ahnung. Ja, er war sogar ein Freiherr. Was war das? Heute weiß ich den Titel genau – Freiherr von *Oberhausen. Der Name ist geändert.* Wie schon erwähnt, hatte das für mich keine Bedeutung. Horst hatte noch fünf Geschwister, zwei Brüder und drei Schwestern, und mitten drin mein Schulfreund Horst. Heute weiß ich, die Familie war vertrieben worden aus Ostpreußen, aber sie war nicht so arm wie meine Eltern, die auch vertrieben worden waren. Nun, diese Familie war adelig und das war irgendwie anders, vornehmer, edler, und es war immer was los. Die Jungs hatten eine Kammer, die war, ich traute meinen Augen nicht, voller Spielzeuge. Wie im Schlaraffenland. Da gab es „Schuco“-Autos, die auf Seilen fuhren, unendlich viele Kisten voller Spielsachen, die ich noch nie gesehen hatte. Ein Spielzeug-Paradies. Ich war begeistert. Im Keller baute ihr Vater eine elektrische Eisenbahn auf, das war aber ein „NOGO“-Bereich für uns. Hin und wieder war es uns gestattet, dort zu verweilen und den Zügen zuzuschauen, die wie von selbst fuhren.

Vater von Oberhausen war im 2. Weltkrieg ein Oberst der Luftwaffe und ein Geschwader-Kommandant. Das erzählte mir mein Freund Horst, und sah man an den Bildern im Treppenhaus. Er war sehr streng. Wenn er da war, galt Alarmstufe ROT. Wenn er mal laut wurde, schallten Befehle durchs Haus und jeder wusste, es war Gehorsam angesagt.

Die Zeit in diesem Haus war ein Erlebnis, und ich werde sie immer im Gedächtnis behalten. Ich denke nicht nur an das Spielen mit Dingen, die ich nie gesehen hatte, sondern auch an die legendären Geburtstagsfeiern. „Geburtstagsfeier“ - das war für mich ein Fremdwort. Wenn der Tag da war und ich eingeladen wurde, so war das in meinen Augen ein Festtag. Die älteren Geschwister-Mädels organisierten so eine Feier. Ungeahnte Dinge passierten da, es war eine besondere Zeit. Topfschlagen, Eierlauf, Würstelschnappen - um nur einige zu nennen, und ein mir ewig in Erinnerung bleibendes Spiel: „Das Orakel von Delphi“. Ich staunte nur noch, und wusste zur damaligen Zeit nicht, was mir da widerfahren war, es war einfach nur toll. In diesem ganzen Luxus kam mir damals nie der Gedanke an Neid, und das war gut so, denn ich konnte es so einfach nur genießen. Es gab das eine oder andere Fest, es war eine schöne Zeit in dieser wohlhabenden Umgebung, bis ich dann zum Rauchen verführt wurde durch meinen Freund Horst. Wir wurden erwischt und ich bekam Hausverbot, da ich als Anstifter ausgemacht wurde, ich?! Welche absurde Idee. Ich entging damals nur knapp einer Tracht Prügel durch meinen Vater. Der Gürtel war schon aus seiner Hose gezogen, da kam unangemeldeter Besuch. Herr Laufer vom VdK klopfte an der Türe, und die Züchtigung wurde unterbrochen, mein Glück, denn der Zorn war nach der erfreulichen Ablenkung nur noch halb so groß, so dass es bei einem Ausschimpfen blieb.

Nach einer gewissen Zeit wurde ich rehabilitiert. Ich erlebte noch schöne Stunden in dieser Familie und freue mich immer, wenn ich Horsts Schwester Gila im Fernseher erblicke, denn sie war Schauspielerin geworden.

Die Familie von Oberhausen war die erste in Haimhausen, die ein Auto hatte, einen VW Käfer, eine Sensation. Das war noch vor meiner Zeit als Autopfleger bei Herrn Scholz. Sie fuhren in den Ferien in ein Land Namens Italien und erzählten anschließend vom Meer. Ich staunte und fragte mich wie das Meer wohl aussieht, da ich nur Haimhausen kannte.

Eine tolle Zeit und wunderbare Erinnerungen.

11 Ihr verdammten „Limmels“

11.1 Das Haimhauser Schloss–unser Spielplatz..

…der für uns nichts Besonderes war. Für meinen späteren Freund Gottfried und mich war es egal, dass es ein Schloss war. Es war gut dafür geeignet sich dort in dem weitläufigen Gebäude aufzuhalten. Das war Gottrieds Vater nicht so ganz egal, und er gebrauchte schon mal den Spruch „Ihr verdammten Limmels“, wenn wir mal wieder was taten, was nicht in seinem Sinne war. Ja, Gottfrieds Vater, war der Hausmeister des Haimhauser Schlosses. Er und seine Familie waren auch wie meine Eltern und Großeltern während des Krieges vertrieben worden. Er kam mit seiner Frau aus dem Sudetenland, und dort war der „Lümmel“, ein „Limmel“ und die „Limmel“ waren wir.

Nach der Schule, am Nachmittag, verbrachte ich viel Zeit mit Gottfried, da das Schulpensum nicht sonderlich schwer für uns zu erledigen war. Wir konnten uns im Schloss und um das Schloss herum die Zeit auf fast unerschöpfliche Weise vertreiben, und manchmal war der Spruch des Vaters schon angebracht, Gottfried war sehr kreativ und wusste allerhand zum „Anstellen“. Ich war immer dabei, aber die Ideen zum “Anstellen, waren so gar nicht auf meinem Mist gewachsen, und so bekam ich ungerechtfertigter Weise auch das „Fett“ ab. Egal, ich habe auf jeden Fall einiges gelernt. Das Schloss und der weite Schlosspark waren unser unglaublich toller Spielplatz.

Die vielen Bäume waren eine Einladung zum „Baumkraxeln“. Am besten waren die Buchen mit ihren starken und eng gewachsenen Ästen geeignet. Das Ersteigen bis zum Gipfel und das Einschnitzen der Initialen war so der Spaß in dem Geäst. Nicht ganz ungefährlich, aber wir waren gute Kletterer.

Die Krönung war, Röstbrot zu essen in der Buche. Das war nur möglich, wenn sturmfreie Bude bei Gottfried war, also die Eltern nicht da waren. Die Platte des Elektro-Ofens war ideal zum Brot rösten, einfach drauflegen, und fertig war das Röstbrot. Meistens aber war es etwas verbrannt, und der Duft nach geröstetem Brot lag in der Wohnung, und auf den Spruch „Ihr verdammten Limmel“. Auf den hätten wir warten können, aber wir haben kluger Weise nicht gewartet, denn da waren wir schon wieder weg, auf der Buche.

Jedem Baum gaben wir einen Namen und kletterten, bis es auch mal eng wurde und der Weg nach unten so gefährlich, dass es mir manchmal sehr mulmig wurde. Einmal mussten wir auf dem „Schirmbaum“ einen Ast entlang rutschen und ich bemerkte zu spät, dass meine Hose entweder die Belastung nicht aushält, oder es war reine Materialermüdung, wie auch immer, die Hose hatte zwei sehr lange Risse. Nun musste ich am besten vor dem Vater nach Hause kommen und der Mutter das Malheur gestehen. Ich war sehr überrascht, dass es ohne Schelte abging, Prügel waren von Mutter eh nicht zu erwarten, da es sich bei der Hose um keine „second hand“ Ware handelte, eher um eine „third hand“ Hose, die aus dem Nachbar-Haus kam und abgelegt wurde. Was für ein Glück, oder wieder einmal Glück gehabt.

Nachdem jeder von uns ja schon ein Messer besaß, war es an der Zeit, sich zu bewaffnen, denn in der „Prärie“ waren Pfeil und Bogen ein absolutes „Muss“, also an die Arbeit. Zum Bogen-Bau eignete sich der gerade gewachsene Haselnussstecken. Ein Stock mit einem Meter abgeschnitten, an beiden Enden mit einer kreisrunden Kerbe versehen, vorsichtig gebogen und mit einer Schnur gespannt - fertig war der Bogen. Für die Pfeile wurde trockenes Schilf an einer sumpfigen Stelle nahe der Amper abgeschnitten, die besten Halme ausgesucht, eine kleine Kerbe am unteren Ende, damit sie an der Schnur des Bogens eingespannt werden konnte zum Abschießen. Die Pfeilspitze musste schwerer sein und wurde aus einem abgesägten, kleinen Stück aus dem Holler-Strauch gefertigt, da dieser eine weiche Seele hatte, so dass das Schilf hineinpasste. Dann konnte das Wettschießen auf eine alte Büchse beginnen.

Wir waren aber auch kreuz und quer im Schloss unterwegs, keine Etage war unentdeckt, bis auch der Speicher nicht mehr sicher vor uns war. Was war das für Gerümpel in diesen zwei Etagen großen Speichern, nein, ich kannte den

Wert des alten Zeuges wirklich nicht. Heute würde ein Antiquitätenhändler frohlocken, wenn er sich in so einem Lager umsehen könnte. Diese Exkursion war natürlich etwas für schlechtes Wetter, wie auch an einem bestimmten Tag. Es braute sich ein Wetter zusammen, das wir nicht bemerkten, aber… dann schlug der Blitz in den Blitzableiter des Schlosses ein, direkt über unseren Köpfen. Wir wurden durch unglaublichen Knall schier umgehauen und erholten uns nur langsam. Mit einem gehörigen Schrecken und blass wie Schlossgeister waren wir bald auf und davon. Der Speicher interessierte uns ab diesem Zeitpunkt nicht mehr.

In dieser Zeit, als wir als „Schlossgeister" unterwegs waren, war das Schloss vermietet an den bayerischen Staat, es war dort eine Rechtspflege-Schule untergebracht mit Unterkünften, und so gab es auch eine große Küche, in der die Köchinnen und andere Bedienstete arbeiteten. Woher wir die Spielzeugmaus hatten, entzieht sich meiner Erinnerung, aber die Idee von Gottfried war, diese durch einen Federantrieb laufende Maus aufzuziehen und… dann durch einen Türspalt in die Küche laufen zu lassen. Hui, das war ein Erfolg, Schreie und Kreischen, dann ein Schlag, und die Maus lief nie mehr wieder. Es war wohl die gefährlichste Waffe, die es in einer Küche gab, ein Fleischklopfer, der dieser federgetriebenen Maus den Garaus besorgte. Aufgezogen war anschließend aber auch Gottfrieds Vater, es gab ein paar Ohrfeigen für Gottfried, ich kam wieder einmal davon.

Wir taten natürlich auch Gutes. In diesem, „unserem" Schloss gab es auch eine beindruckende Kapelle, die

Schlosskapelle, die schon etwas größer war als man sich eine Kapelle vorstellt, schon eher eine Kirche. Ein CuvilliésBauwerk mit einer wunderbaren, kunstvollen Innenausstattung und Bemalung, soweit uns das damals interessierte.

Wir sahen dieses Kleinod eher nicht von der künstlerischen Seite, aber - jeden 2. Sonntag war dort ein Gottesdienst der evangelischen Kirchengemeinde angesagt, und da wir beide evangelisch waren, mussten wir auch hingehen. Da dieser christliche Ort auch eine Orgel besaß und diese auch bespielt wurde an den Sonntagen um 11 Uhr, wurde Gottfried zum Orgelziehen eingeteilt und ich war natürlich auch auf der Empore dabei, denn das war nicht so langweilig als unten zu sitzen und dem Pfarrer zu lauschen. Wir zogen alternativ an zwei Stricken abwechselnd mal den einen, dann wieder den anderen Blasebalg hoch, so dass die Orgelpfeifen immer die notwenige Luft bekamen, um ihre Töne von sich zu geben. Leider waren unsere Gedanken und die Konzentration nicht immer darauf bedacht, die beiden Blasebalge abwechselnd hochzuziehen, also Luft bereitzustellen. Wenn dem zweiten Blasebalg auch die Luft ausging, war es sehr unmusikalisch. Was dann hörbar wurde? Die Orgelpfeifen japsten nach Luft, und es war schauderhaft als der Ton abschmierte und ein Jammern der Pfeifen, uns jäh aus unseren Gedanken zurück in die Kirche holte. Wir waren ungewollt Mittelpunkt des Geschehens. Der Organist schickte tödliche Blicke, und nach dem Gottesdienst hofften wir auf Gnade vom Mesner, denn das war Gottfrieds Vater.

Christliche Nächstenliebe half uns da auf jeden Fall sehr, damit uns anschließend nicht auch noch die Luft ausging!

11.1 Unser Hobby - Modellflugzeuge

Nachdem wir, ob unserer guten Zeugnisse, dann in die Oberrealschule nach Freising gingen, hatten sich die Interessen verlagert, und wir begannen mit dem Bau von Flugmodellen, die auch wirklich flogen. Wir begannen mit unserem ersten fliegenden Teil, mit einem Graupner Modell „Der kleine Uhu". Das war schon ein Erlebnis und im Nachhinein betrachtet, äußerst lehrreich. Wir hatten auch keine Gedanken mehr an irgendeinen Blödsinn. Es roch auch nicht mehr nach verbranntem Röstbrot, aber dafür nach Lack für Flugmodelle und Flugbenzin. Gottfrieds Vater meinte, nicht besser, aber anders. Die Segelflugmodelle wurden größer und der Bau gestaltete sich immer anspruchsvoller, bis dann der Wunsch aufkam, einen kleinen Flugmotor mit Luftschraube zu erstehen, um das lästige Hochziehen zu umgehen. Diese kleinen Hochleistungsmotoren waren schon sehr laut, was uns aber weiter nicht störte, zumal sich in dieser Gegend niemand beschwerte und der Schlossvorplatz eignete sich hervorragend für unsere Fes-

Start eines Fesselflugmodells

selflugmodelle. Das Anlassen des Motors war problematisch. Man musste mit zwei Fingern der rechten Hand die Luftschraube schnell nach unten kicken, und mit der linken Hand die Kompressionsschraube drehen. Wenn man nicht rechtzeitig die Finger von der Luftschraube weg brachte, oder die Schraube für die Kompression nicht gefühlvoll drehte, war die Fingerkuppe schon mal blutig. Das eine oder andere Pflaster war notwendig, es war auch schmerzhaft, aber bald waren wir gut geübt, und die Pflaster blieben in der Schublade. Für die Steuerung der Modelle waren schon Funkfernsteuerungen erfunden, aber die war natürlich für uns viel zu teuer. So begnügten wir uns mit Fesselflug, das heißt, das Flugzeug wurde mittels zwei Seilen, die das Höhenruder bedienten, im Kreis herum geflogen. So konnten wir auch schon „Loopings" fliegen, und wir hatten unsere helle Freude daran. Die ein- oder andere Bruchlandung war nicht zu vermeiden, da wir immer wagemutiger mit unseren Flugmanövern wurden. Das entmutigte und keineswegs.

Auf dem Bild mache ich ein Modell startklar, bringe den Motor auf optimale Leistung und gebe dem Modell die notwendige Startgeschwindigkeit. Mein Freund Gottfried wartet an den Steuerseilen.

Ja, die Fliegerei hat mich seitdem nicht mehr losgelassen.

11.2 Der Modellfliegerclub in Fahrenzhausen

Der Modell-Fliegerclub in Fahrenzhausen, vier Kilometer von Haimhausen entfernt, war eine Gemeinschaft von Begeisterten, die tolle Modelle bauten und auch schon die eine oder andere Funkfernsteuerung besaßen. Es wurden Flugtage veranstaltet, mit diversen Modellflugvorführungen, und wir durften auch unsere Flugmodelle präsentieren, die wir natürlich selbst gebaut hatten. Es war eine aufregende und schöne Zeit. Wir waren mit unseren 16 Jahren sehr willkommen. Die Modelle wurden immer ausgefeilter, und wir wagten uns zum Schluss auch an Eigenkonstruktionen.

Eines Tages wurden wir zu einer Grillfeier eingeladen. Es wurden „Giggerl“ gebraten auf dem offenen Feuer beim Klubvorstand Anderl Kirmayer, in seinem Hof. Den Weg dorthin bewältigten wir mit unseren Mopeds. Nach einem schönen Grillabend, der auch mit einer „Kraxelei“ auf den nahe gelegenen Bäumen zu tun hatte, wurde es eine sehr späte bzw. frühe Heimkehr. Natürlich hörte mich meine Mutter wegen ihres leichten Schlafs, und ich ging, wie immer bei später Heimkehr, an ihr Bett und erzählte im Flüsterton im Telegrammstil meine Erlebnisse, wenn es denn welche gab. Vater bemerkte davon natürlich nichts. Der anschließende tiefe Schlaf ließ mich alsbald in die Traumwelt einkehren, die auch eine „Kletterei" beinhaltete. Der Schlaf war tief genug, so dass ich das Schlafwandeln begann und das Fenster öffnete. Ich fühlte mich auf dem zuvor bei der Feier bestiegenen Baum, aber in Wirklichkeit stieg ich auf das Fensterbrett, öffnete die beiden Flügel weit genug, hielt mich am Fensterkreuz fest und stieg aus dem Fenster. Der Traum-Sprung vom Baum war letztendlich am Fensterkreuz hängend ein Sprung aus dem Fenster auf den harten Boden vor der Haustüre. Ich rollte im Schlaf irgendwie so ab, dass ich aufstehen konnte und auch sonst unverletzt blieb, und ging durch die Haustüre, die nie abgesperrt war, nach oben an unsere Wohnungstüre. Da war aber abgesperrt und ich musste klopfen, um meine Mutter zu wecken, die wie gesagt einen sehr leichten Schlaf hatte. Sie wusste mit Sicherheit nicht, wer da mitten in der Nacht klopfte, sperrte die Wohnungstüre auf, und auf die Frage, wo ich denn her käme, bekam sie natürlich keine Antwort. Gott sei Dank war meine Mutter nicht so leicht aus der Ruhe zu bringen, und sie konnte mit der Situation gut umgehen, ja sie hatte ihre Gefühle im Griff oder konnte sie nicht zeigen. Es war nicht wirklich leicht, eine Erklärung abzugeben, zumal ich im Schlafanzug vor ihr stand und sie mit großen Augen ansah. Nun fingen meine Fersen an zu schmerzen, sonst war alles noch funktionsfähig. Meine Mutter holte alsbald Wickeltücher und verband meine schmerzenden Fersen mit in kühlem Wasser getränkten Tüchern. Da ich bald wieder einschlief, mussten die Schmerzen erträglich gewesen sein.

Ich hatte großes Glück!

Ich war in dieser Nacht gut behütet, nicht nur in dieser Nacht. Es schien mir, dass ich immer gut behütet war, wer auch immer das war, der auf mich achtete. Ein Schutzengel? Der liebe Gott? Oder war mein Leben so angelegt? Wer weiß das schon.

Ein behütetes Leben.
Ein Grund, auch heute noch darüber nachzudenken!

12 Neben unser'm Haus

12.1 Links von unser'm Haus

Nach den Erzählungen von „hinter unser'm Haus“ gab es auch viel Interessantes in der Umgebung „unseres“ Hauses zu beobachten.

Links daneben, nur durch eine Schotterstraße getrennt, war das Haus des örtlichen Zahnarztes. Da diese Berufsgruppe damals schon gut verdient hatte, war es ein großes Haus mit großem Garten. Der Garten war nicht größer als unserer, aber es war doch das Eigentum der Familie und gepflegter allemal, aber längst nicht so interessant. Da die Kinder doch älter waren als ich, hatte ich wenig mit ihnen zu tun, auch wäre es nicht erzählenswert, wenn nicht mein Opa sich in dem Hause ein Zubrot verdient hätte zu seiner Vertriebenenrente. Ja, er war so eine Art Hausmeister. Das beinhaltete auch die Wartung der Zentralheizungsanlage. Welch ein Wort, das war ein absolutes Novum in dieser Zeit. Ein zentraler Ofen im Keller versorgte über Rohre mittels warmen Wassers die Heizkörper in den Zimmern mit Wärme. Opa hatte im Winter dreimal am Tag Heizungsdienst: morgens, mittags und abends. Der Ofen wurde mit Koks geheizt, und die Glut im Ofen durfte nicht ausgehen. Das Heizen war am Abend besonders wichtig, um die Glut über die Nacht zu halten. Dazu verbrachte Opa am Abend mindestens eine Stunde und mehr im Heizraum, ich besuchte ihn öfters, denn der Heizraum war kuschelig warm und ich war gerne in seiner Nähe, auch um ihm bei der Arbeit zuzuschauen oder, an einem alten Tisch sitzend, seinen Worten zu lauschen. Leider habe ich die meisten

Weisheiten vergessen, oder auch verschmitzten Erzählungen nicht im Gedächtnis behalten. Das könnte mein Buch noch seitenweise füllen.

Durch diese Arbeitsverbindung meines Opas fielen einige Dinge ab, wie zum Beispiel eine Hose, die meine Baum-Klettereien nicht verkraftet hatte und mehr.

Nun wende ich mich einer interessanten Nachbarin zu.

12.2 Rechts von unser'm Haus –

- das Café Schmidt, die „Madam"

Unsere Nachbarschaft auf der anderen Seite war wohl eine Besonderheit ersten Grades. Es war Frau Schmidt, die dort das Regiment auf ihrem Anwesen mit lauter Stimme führte. Es hielt sich die Bezeichnung „Café Schmidt", obwohl

niemand vom Ort jemals dort eine Tasse Kaffee getrunken hat. Einmal, weil niemand das Geld hatte, außer Haus etwas zu essen und zu trinken, und zum anderen, weil die Leute, die dort aus und ein gingen, für die damalige Zeit schon etwas eigenartig waren, zu mindest für unser Dorf. Warum eigenartig? Die waren anders angezogen, irgendwie besonders, etwas anders, etwas schlampig und doch auch elegant und fuhren auch schon mit alten Autos vor. Dieses Stelldichein der anderen Art waren, wie ich hörte, Leute aus Schwabing und auch Filmschaffende. Es war wohl ein Geheimtipp der Schwabinger Gesellschaft und der Schauspieler-Szene, die das Landleben entdeckten und sich bei Frau Schmidt einfanden. Es waren die jungen Wilden, die Schauspieler der damaligen Zeit. Namen möchte ich hier keine nennen, aber so bekannte wie der „Monaco Franze" und auch einige C-Promis. Die meisten kannte ich nicht und es war mir auch nicht so wichtig. Was für mich dabei wichtig war, war die Beauftragung von Frau Schmidt, diverse Besorgungen zu machen um den Gästen aus der Stadt auch etwas anbieten zu können. Das für mich Wichtige kam danach, das großzügige Trinkgeld. Ja, die Belohnung war immer überdurchschnittlich und ein bisschen Flair vom „Schicki-micki", so sagten meine Eltern über das ungewöhnliche Treiben im kleinen Dorf, fiel auch für mich dabei ab.

Eines Tages kamen einige Lastwagen und diverse Autos vorgefahren, entluden so manche Gerätschaften, Kabel und auch große Leuchten kamen zum Vorschein. Es war ein emsiges Treiben bei Frau Schmidt im Garten. Später erfuhr ich, es wurden für den Film „Zur Sache Schätzchen" einige Szenen gedreht.

Am Wochenende war die Anfahrt der „Stars" zu sehen, oder solche, die es werden wollten, und ich war, als Zaungast dabei. Es wurden Feste gefeiert mit dem, was ich einholte. Na ja, so toll kann das nicht gewesen sein, Champagner war jedenfalls nicht dabei. Im weitesten Sinne waren sie alle Künstler, die einen blieben aber nur für eine lange Nacht, anderen waren der malenden Kunst zuzuordnen und blieben auch schon mal länger. Herr Riessland, von dem ich heute ein Bild mein Eigen nenne, blieb auch schon mal über den Winter.

Der Ursprung der Künstler war die Dachauer Schule. Einige ließen sich im Ort hier nieder. Es waren Maler wie Hain und Kühlewein, der auch Lüftlmalerei machte, um nur einige zu nennen. Der Gockel, das Wahrzeichen der Brauerei, der an vorderer Front des Brauereigebäudes zu sehen ist, wurde von Herrn Kühlewein gemalt.

Ein Herz für Künstler, ein Stelldichein der besonderen Art war es, jenseits des Zaunes, denn „Madam's" Mutter war schon der Kunst zugeneigt. Davon zeugt das Atelier, das es auf dem Grundstück gab. Hinter dem für mich fremden Wort, das wir auch nicht französisch aussprechen konnten, verbarg sich ein kleines, separates Gebäude mit einem großen Raum. Ich durfte mich auch in diesem Raum umsehen, während meiner Dienstboten-Tätigkeit. Die Besonderheit dieses Raumes war das Fenster, ein, für die damalige Zeit, sehr großes Fenster, das aus kleinen, zusam-

mengesetzten Scheiben bestand. Das war, wie ich es heute weiß, für das Licht, das den Malern half, so farbgetreu wie möglich zu malen. Auch weiß ich heute, dass diese Fenster immer nach Norden gebaut wurden, damit es so wenig wie möglich zu Schattenbildungen kommt und das Licht eine warme Tönung hatte. Über eine Treppe kam man auf das Dach des Ateliers. Dort befand sich eine große Terrasse, die im Sommer bei Sonnenlicht für eine künstlerische Tätigkeit wie geschaffen war. Es war aber auch ein lauschiger Bereich für die Gäste, die in lauen Sommernächten den besonderen Platz genossen. Jeder auf seine Weise, jedenfalls stelle ich mir das mit heutigem Wissen so vor. Ein bisschen Fantasie darf ja auch sein.

Eine illustre Gesellschaft, zu der ich, wegen meines jugendlichen Alters und meiner Dorfzugehörigkeit, keinen Zutritt hatte. Der Wunsch, dazuzugehören, kam nicht auf und es fehlte mir nichts, es genügte mir, das interessante Treiben manchmal vom Zaun aus, aus sicherer Entfernung, anzuschauen.

„Madam", so wurde sie von den Gästen genannt, hatte nicht nur ein architektonisch wirklich gelungenes und außergewöhnliches Atelier, sondern auch ein Badehaus an „unserer" Amper. Ein Badehaus mit Umkleidekabine für die Gäste. Es muss vor einiger Zeit ein wohlhabendes Haus gewesen sein.

Zu meiner Zeit hatte alles etwas Künstlerisches an sich. Die Unordnung auf der einen Seite und das als Theaterkulisse gestaltete Wohnzimmer auf der anderen Seite, sowie die Gäste, sie waren einfach anders. Ein besonderer Ort, das Haimhausen ein Flair, eine besondere Note verlieh.

Zu den regelmäßigen Gästen gehörte auch unser Postbote, rechts außen im Bild. Ich erfuhr erst sehr viel später warum.

„Pinkie“ war unser Briefträger, er hieß mit Familienamen Pinget; woher er den Spitznamen hatte weiß ich nicht. Es war eine beflügelte Redewendung, wenn man fragte: „War

da Pinkie scho do?“, und man meinte damit, war der Briefträger schon da.

Pinkie ging alles zu Fuß, da er nur einen Arm hatte, eine Granate hatte ihm den anderen Arm zerfetzt. Der Krieg hat ihm nicht nur den Arm gekostet, auch seinen ursprünglichen Beruf konnte er nicht mehr ausüben, denn er war Schneider. So war es eine glückliche Fügung, dass seine Mutter die Poststelle leitete und er diese Arbeit als Postbote bekam.

Er lief mit seiner Tasche den lieben, langen Tag das Dorf rauf und runter und händigte seine Briefe aus. Ein

Schwätzchen war auch immer willkommen. Ich kannte ihn nur gut gelaunt, nie ein patziges Wort, nie ein griesgrämiges Gesicht. Wie schafft er das, die Kriegsverletzung ohne jegliches Murren und Klagen zu ertragen, ohne jegliche Hilfe eines Psychologen, die gab es sowieso nicht. Er hatte eine besondere Ausstrahlung und legte eine Zufriedenheit an den Tag, die nicht alltäglich war, und er konnte trotz seiner Behinderung auch noch den einen oder anderen aufheitern!

Vielleicht bezog er auch ein Stück Kraft aus der Tatsache, dass er Stammgast im Künstler-Milieu, bei „Madam“ nebenan, war. Er fühlte sich dort sehr wohl, man akzeptierte ihn dort, auch wegen seiner besonderen Neigung zu dem männlichen Geschlecht. Das wurde in diesen Kreisen damals schon akzeptiert. Mir war so eine Neigung völlig unbekannt, und in den ländlichen Regionen wäre man eher ein Aussätziger gewesen, in der damaligen Zeit.

„Pinkie“ konnte man jeden Tag als Lehrstück ansehen, wenn man das Sehen gelernt hat, eine Lebensfreude trotz Handicap.

In dieser Zeit hatte vermutlich jeder sein Päckchen zu tragen, die Kriegsversehrten im Besonderen!

Es war immer etwas los im Café Schmid.

Eines Tages fuhr ein vornehmes Auto in die zur Amper abschüssigen Einfahrt vor und es entstieg, wie so manches Mal, eine illustre Gesellschaft. Freudige und überschwängliche Begrüßungen gehörten dazu. Es kam, wie es kommen musste. Entweder war die Technik der Handbremsen nicht dem abschüssigen Gelände gewachsen oder man vergaß in der Erregtheit der Gefühle diese zu betätigen. Es war ein Schreck, ein Entsetzen, als das Gefährt sich langsam und stetig in Bewegung setzte und abwärts rollte in Richtung Amper. Ein entsetzter Schrei, alle Blickte wie gelähmt dem Auto nach, und das Gefährt stürzte ins Wasser. Zum Glück war es nicht so tief und der eilig herbeigerufene Bauer Feldhofer war bald mit seinem Bulldog zur Stelle, um das „gewaschene“ Auto aus der misslichen Lage zu befreien. Für uns Kinder war es auf jeden Fall eine Sensation, und es war wiedermal was los in der Dorfstraße.

12.3 …und Vis à vis…

…war das Anwesen von der Familie Feldhofer, ein Bauernhof und ein Gemischtwarenladen. Ein Bereich höchst interessant für uns Kinder. Der Kuhstall, Schweine, Pferde,

Hühner, der Heustadel und mehr. Wir durften auch schon mal Eier suchen, wenn nach einem „Gegackere“ eine Henne das Weite suchte.

Ein Mithelfen auf dem Hof war für mich immer etwas Besonderes. Wenn ich auch noch zu klein war für wichtige Tätigkeiten, z.B. beim Dreschen an der Dreschmaschine, so konnte ich doch das eine oder andere holen, denn Helfen war schon immer eine Tugend von mir. Leider war ich auch noch zu klein zum Bulldog-Fahren und obendrein hatte ich mit den Beinen noch nicht die Kraft, die Kupplung zu treten, denn die war damals nur von Männerbeinen zu betätigen. So schaute ich mit glänzenden Augen, aber ohne Traurigkeit, wie mein Bruder Erich es lernte, dieses

wackelnde Monster zu bewegen und draußen auf dem Feld bei der Getreideernte „virefahrn“ musste. Die Arbeit des Vor-Fahrens auf dem Feld, wenn die Erwachsenen derweilen das Getreide oder das Heu auf den Wagen auflegten, war für so Halbwüchsige wie meinem Bruder eine willkommene Tätigkeit, da es Spaß machte und obendrein noch eine Bezahlung dabei heraussprang.

Auch der Kuhstall beim Bauer Feldhofer war in der Tat etwas Besonderes, nicht wegen des etwas ungewöhnlichen

Geruches, der denke ich war in jedem Stall ähnlich, nein, das Besondere war der singende Knecht, der während der abendlichen Melk-Zeit seine schöne Stimme erklingen ließ. Dieser sonore Gesang war weit zu hören. Die Fenster in der Nachbarschaft wurden sogar zu dieser Zeit geöffnet, da der Klang seiner Stimme besonders schön war. Heute wäre er sicher in einer Talentshow groß herausgekommen, ja, die Stimme hatte einen wunderbaren Klang. Ich kann mich noch an einen Bus-Ausflug mit dem VdK erinnern. Mein Vater war der örtliche Kassier, so kam die Familie auch in den Genuss dieser kleinen Reise. Auf der Heimfahrt erklang, auf vielfachen Wunsch, seine Stimme. Das muss den Mitfahrern so gut gefallen haben, dass für das „Konzert" spontan im Bus gesammelt wurde. Das war sicher für den „Großverdiener" wie ein warmer Regen. Ich freute mich und gönnte ihm dies und denke heute noch manchmal daran.

Da war auch noch ein herrschaftliches Haus auf dem Feldhofer Anwesen. Die etwas vornehme Bauweise mit einigen für die damalige Zeit außergewöhnlichen architektonischen Details, war ein herrschaftliches Gebäude, das den Namen Villa, wie es alle nannten, sicher verdiente.

In dieser Villa wohnte und malte, unter anderem, die Künstlerin Elisabeth Schmidt-Sophienberg, das große Atelier-Fenster ist auch ein Zeugnis der künstlerischen Zeit. Als sie starb, wurde das Atelier geräumt und alles auf den Müll an den Straßenrand abgelegt. Ich stöberte auch in dem Abfall und fand eine Arbeitsmappe mit interessanten Bleistift-

Zeichnungen, vermutlich Entwürfe oder Skizzen, die sicher für spätere Gemälde dienten. Die schönste Zeichnung habe ich mir gerahmt, und sie hängt nun bei mir zu Hause. Eine wunderbare Erinnerung an die Künstlerin, und an die Künstler- und Malerkolonie in Haimhausen.

..später

Zu einer späteren Zeit residierte der Chef der Kaffeeröste-rei Dallmayr in dieser Villa in Haimhausen. Ich erinnere mich an eine Gegebenheit, die schon etwas Besonderes war im Dorfleben, eine schöne Abwechslung.

Eines Tages fuhren Autos der Oberklasse in den Hof, langsam, ohne jegliche Hektik, und es entstiegen grün gekleidete, elegante Herrschaften. Es müssen allesamt Jäger gewesen sein, die anscheinend zur Jagdzeit von hier aufbrachen. Sie formierten sich im Hof im Halbkreis, und ein Jagdhorn kam zum Vorschein. Alsbald erklang ein Jagdruf, das „Halali“, es war ein kleines Konzert mitten im Dorf. Dann strömten sie morgens aus und kamen am Abend zurück, um das erlegte Wild im Hof von Bauer Feldhofer auszubreiten. Der außergewöhnliche Klang der Jagdhörner, der dann wieder durch die untere Dorfstraße drang, war wieder ein musikalischer Ausdruck nach erfolgreicher Jagd. Ein schönes und wirklich besonderes Ereignis im kleinen Dorf, und ich war als Zaungast dabei.

Nun enden meine Erzählungen hier, das war’s, was ich in meinem Gedächtnis fand. Erinnerungen und Aufzeichnungen, die sicher nicht vollständig sind, aber doch wert, diese niederzuschreiben.

Ich möchte aber nicht schließen, ohne darüber nachzudenken, was ich beim Schreiben des Buches gelernt habe, und worüber ich zum Nachdenken kam. So füge ich noch ein Kapitel hinzu.

Meine Erfahrungen

13 Meine Erfahrungen

Beim Schreiben habe ich einiges erfahren und gelernt, und folgende Tugenden möchte ich hier erwähnen die mir immer wieder begegnet sind.

Kein Neid
Zufriedenheit
Glückseligkeit und auch Demut

Die Zufriedenheit ist leichter zu erreichen wenn der Neid nicht existiert. Kann man das erlernen?
Das folgende Sprichwort kann ich gut nachempfinden:

Das Glück stellt sich dann ein, wenn der Neid aufhört.

Ich möchte diesen Satz, meinen Erfahrungen und Einschätzungen nach, noch verändern oder ergänzen.

„Wenn Du es schaffst, dass der Neid aufhört, legst Du die Basis für die Zufriedenheit, und das ist die Grundlage für das Glücklich Werden“!

Zufriedenheit, ja sogar Glückseligkeit, kann man in jeder Lebenslage finden, auch mit einer Behinderung, wie ich es erlebt habe, wenn man gelernt hat, es zu registrieren. Wer bewusst lebt oder Tiefen des Lebens erlebt hat und das registriert, kann die Höhen besser erleben. Sogar in einer armen Zeit kann man Glücksgefühle entwickeln. Oder gerade deswegen? Ich denke aber, dass die wenigsten Menschen in einer weniger guten Zeit das so registrieren konnten wie ich das heute rückblickend tun kann.

Über das Glücklich-Sein wurde damals nicht nachgedacht, da man mit dem Brotverdienen genug zu tun hatte und das Dach über dem Kopf schon eine große Zufriedenheit brachte.

Grundbedingung ist genug zu Essen und Trinken und nicht frieren.

Heute gelingt das auch nicht immer. Die Zeiten sind anders, kein Hunger, kein Frieren, aber hektischer, ruheloser, unsicherer und die Angst es könnte schlechtere Zeiten kommen lähmt die Gedanken nach Zufriedenheit.

Ist Zufriedenheit eher zu erreichen, wenn alle gleich arm sind?

Für Aristoteles ist eine Tugend u.a.
der Weg zur Glückseligkeit

Ich bin beim Schreiben kein Gelehrter geworden. Den Satz fand ich im Internet nach der Eingabe „Tugend“. Nun es scheint, dass ich auf dem richtigen Weg bin.
Obwohl, beim Weiterlesen dieser Gedanken des großen Weisen noch ein Satz hinzufügt wird.

Unter Glückseligkeit versteht er nicht das subjektiv wahrgenommene momentane Glücksgefühl, sondern ein geglücktes Leben.

Wie kommt man zu den Tugenden?

Als Kind kann ich es nicht erlernt haben, auch die Eltern konnten das kaum vermitteln in dieser einfachen und armen Zeit. Jeder hatte andere Sorgen als sich mit Tugenden zu befassen.

Durch Erziehung könnte man sich das eine oder andere Tugendhafte abschauen;

durch Einüben erlernen, wenn man darüber gelesen hat und sich für die Materie interessiert.

Die Tugenden können durch die Gene weiter gereicht werden. Diese können auch Generationen überspringen. Ich nehme an, meine Gene stammen wahrscheinlich hauptsächlich vom Opa, Oma.

Nun beende ich dieses Buch mit meinem 18. Lebensjahr

und dem Bild aus meinem Führerschein, den ich mit 18 Jahren gemacht habe.